車で巡る
ヨーロッパの古い教会堂

橋 本 康

養賢堂

フランス・シャルトルの大聖堂（上）とステンドグラス（下）

フランス・ランス・サンレミ巡礼教会の内陣

イタリア・トレンチーノ・サンニコラ巡礼教会

フランス・クレルモン・フェランの大聖堂

スペイン・ブルゴス・ラ・ウエルガス修道院の回廊

フランス・カーンの修道院付属教会堂

スペイン・グアダルーペ修道院の回廊

はじめに

　歴史を紐解き，文化遺産を訪ねる旅は，我々にとって最大の楽しみの一つである．もっとも我々が容易に訪問できる平和で安定した地域は現在でも限られているが，西欧諸国は云うに及ばず，東欧でも，このところ我々が気楽に訪れられるところが急速に増えている．

　これらの諸国は歴史的にはキリスト教と密接に関連しており，その文化の大半は，キリスト教の発信源である教会のネットワークに沿って展開してきたといっても過言ではない．特に中世に於いては，あらゆる文化が教会堂を中心に展開したが，今日，我々は古い教会堂を訪ね，そこにその痕跡を見いだすことができる．

　筆者はこの4半世紀にわたり自然科学系の国際学会に関わり，数十回の渡欧を経験したが，その際古い教会堂を訪ねることを旅のスケジュールに加え，億劫な旅を楽しい旅に転化することができた．また，国際化の今日，欧米の異文化を理解する必要性が各方面で云々されているが，古い教会堂の訪問は「百聞は一見に如かず」の諺を引用するまでもなく，異文化の理解を楽しく加速してくれたようだ．

　国際学会で色々と活動していると，各国に多くの知人ができるが，その内に彼らは教会堂の訪問を趣味にしている不思議な日本人（筆者）の噂を耳にすると，自国で開催の会議の折りにその国の教会堂の資料を提供してくれたり，あるいは会議の合間に車で教会堂へ案内してくれたり，と情報収集が加速的に倍加し出した．

　それらの情報や自己の足で集めたデータに基づき，1～2週間の楽しい旅をヴァーチャルに設計し，そのフィクションを描いたものを纏めたのが本書である．フィクションであるので，部分的に実際の旅もあれば，当然見聞に基づくヴァーチャルな旅もある．歴史学者でもなく，宗教や美術にもこれといった研究歴のない筆者であるが，科学者としての目で，データを収集・整理し，事実関係にはできる限り正確さを期したつもりである．

　これらの一部は，筆者が所属する大学で，専門教育以外のサービスとして行われる教養課程の講義「外国の文化」で学生に話題提供したが，少なからず興味をかき立てたらしい．

　教養の授業を担当するに到った背景は以下のようである．教養部が廃止され専門学部の教官も何らかの支援をする必要が生じた．この半世紀，専門教

〔2〕　はじめに

育は最先端を指向し，基本的には狭い領域に於けるブレイク・スルーに視点が集中されてきた．我々が広く浅い教養を学生に教えることは至難の業で，専門基礎の数学や物理学等に集中してしまう．これでは，まもなく定年を迎える教授としては芸がない．

　学術の最高審議機関である日本学術会議では21世紀を迎え，各専門分野間の谷間で顕在化し始めた新たな問題を解決するため，従来型のディシプリンを総合的に思考する視点の導入を「俯瞰的」と称して，複雑さを増す今日の専門分野の総合化に向けて努力し始めている．これは究極的には教養の重要性を示唆していることである．

　国際学会の活動を通して会得した異文化の理解の重要性について学生と共に学習し，教養の重要性を私なりに理解しようと始めた講義で準備した裏面をまとめてみたのが本書といえなくもない．

　西欧に於ける大学や学術の起源は，11世紀の記録に見るボローニャ大学以降であるが，それ以前はキリスト教の修道院であったことも再認識したい．修道院付属教会堂の訪問もそれなりに意味深い．

　ノートパソコンを持参し，DVDの動画像やパワーポイントによる静止画像を含むマルチメディアを活用した授業が学生の興味や関心を惹いたらしく，早朝の講義時間帯にもかかわらず300名を越える学生が聴講してくれ，この面に関するニーズを確認できた．

　仏文学者等の専門語学を修めた偉い先生やローマンカトリック等のキリスト教宗派の専門家による詳しいこの面の書籍は多いが，学者や専門家は専門領域以外には触れないので，各論以前の「俯瞰的」な通論として眺めるには難しい面がある．

　これに反して，本書はいわゆる教養的見地でまとめたので，ローマンカトリックの教会堂も，グリークオーソドクスのフレスコ画も専門性の壁を越え気軽に顔を出し，スペイン語圏もドイツ語圏も気楽に走破する旅を収めている．ある意味ではEUで大幅に変革している西欧の今日に整合した国際的，学際的な書を目指してあり，教養的に気楽に全体像を眺めるには，最適なものになるであろう．

　本書をベースに，市販の多くの旅行案内書の類を参考にし，実際の旅にしろ，地図上での旅にしろ，ヨーロッパの旅にプラスワンの楽しみを加えて戴ければ，筆者にとって望外の喜びである．

目　次

序：ヨーロッパ旅行の準備 ……………………………………………1
　(1) 旅への準備 ……………………………………………………1
　(2) ホテル …………………………………………………………2
　(3) 航空券 …………………………………………………………3
　(4) レンタカー ……………………………………………………4
　(5) 観光の情報 ……………………………………………………5
1：カミノ・ド・サンチャゴを巡る旅 …………………………………6
　資料-1 本章で訪ねた地名（教会堂）の略図 ………………………28
2：巡礼路以外のスペイン，及びポルトガルの旅 ……………………29
　資料-2 本章で訪ねた地名（教会堂）の略図 ………………………45
3：イタリアの旅 ………………………………………………………46
　資料-3 本章で訪ねた地名（教会堂）の略図 ………………………65
4：ドイツとロマンティシュ・シュトラーゼの旅 ……………………66
　資料-4 本章で訪ねた地名（教会堂）の略図 ………………………80
5：英国の旅 ……………………………………………………………81
　資料-5 本章で訪ねた地名（教会堂）の略図 ………………………95
6：ベルギー，オランダ，ルクセンブルクの旅 ………………………96
　資料-6 本章で訪ねた地名（教会堂）の略図 ………………………107
7：スイス，オーストリアの旅 ………………………………………108
　資料-7 本章で訪ねた地名（教会堂）の略図 ………………………116
8：東欧の旅 ……………………………………………………………117
　資料-8 本章で訪ねた地名（教会堂）の略図 ………………………126
9：北欧とバルト沿岸の旅 ……………………………………………127
　資料-9 本章で訪ねた地名（教会堂）の略図 ………………………136
10：ビザンチン（東方教会）の旅 ……………………………………137
　資料-10 本章で訪ねた地名（教会堂）の略図 ……………………149
　資料-11 有名な教会堂と所在地 ……………………………………150
あとがき ………………………………………………………………159

序：ヨーロッパ旅行の準備

（1） 旅への準備

　ヨーロッパは5,000マイルも離れた遠い国である．しかし，時間的には今や近い国である．昼頃日本をジェットで発てば，地球の自転と時差を差し引くと，その日の午後3時頃にはパリやロンドンに着くのである．気圧の低めな機内でアルコール類をガブ飲みしたりしなければ，お年を召した方でも体調を崩さずに気楽な旅を楽しめる．

　旅は，しかし，ノウハウを経験的に蓄積しないと，色々な落とし穴が待っている．最初は専門的な旅行代理店が企画する団体旅行が，あらゆる面で効果的・経済的でもあり，しかも安全である．

　しかし，ある程度慣れてくると，親切なアドヴァイスを束縛と感じ，自由に振る舞ってみたくなるのが人情である．

　旅の基本は，見たり，聞いたり，試したり，であることはいつの時代でも変わらないであろう．美術館を見る，音楽会を聞く，グルメを食する，アルプスを登る，地中海をセイリングする，コスタ・デル・ソルをドライブする等々試したいことは，各人毎に異なる．

　筆者は，ミルチャ・エリアーデを引用する訳ではないが，独自の視点を加え，創造的な旅をデザインすることを心がけてきた．

　ヨーロッパ各地に，都会にも田舎にも山深い過疎地にも広く点在するキリスト教の教会堂に視点を置き，それらの広範な地域をレンタカーを駆って回る素朴で清貧な巡礼の旅をベースとした．しかし，最近（還暦を過ぎた頃），残り少ない人生を自覚し，高級な食文化も視野に入れた旅にも目を向けるようにしている．

　フランス，スペイン，イタリアがアメリカ人の旅行者に人気のあるヨーロッパの国である，といわれて久しい．たしかに，見るべき世界的な文化遺産が多いので，それらの評価は妥当である．しかし，表には出ない側面の充実も忘れてはならない．すなわち，フランスは旅行者が楽しめる様なグルメ付き古城や庭園付きの館を整備し，旅人に宿を提供する先進国である．スペインは国（観光省）が，全国で百にもならんとする宿泊施設を経営している．パラドールであり，古城，修道院，豪族の邸宅等を改修し，アメリカ人等に好評である．イタリアでは，高級レストランが宿泊施設を併設し，フランス

（2）　序：ヨーロッパ旅行の準備

並みに世界からそこを目的に来る旅行者の便を計り始めた．ルネッサンスの頃，メジティ家が送り込んだイタリア料理の達人らがフランス料理のオリジネータである事実からも，味に関しては遜色ないが，レストランに宿泊施設の無いのがフランスとの差と云われていたが，それも何れ消えることであろう．清潔で安全なホテルとできれば美味しい夕食が，旅人に翌日の旅への意欲を高めてくれる．

（2）ホテル

ホテルと一口にいっても，その実体は多岐にわたる．ホテルは，旅人の旅程に答えるべくネットワークが重要であり，系列チェーンが整備されていることが重要である．

筆者はあまり利用しないが，昔風な最高級なヨーロッピアン・スタイルのホテル・チェーンとしては，The Leading Hotels of the World（Paris：Ritz, Crillon, Bristol, George V, Cannes：Martinez, Nice：Negresco,etc.）がある．続いてやや安価な高級ホテルチェーンとしては Inter-Continental Hotels（http://www. interconti. com/）等がある．

筆者が時々利用する Holiday Inn は，6-continental Hotels の一つとして上記インターネットにリンクされている．イタリアを中心とする豪華な CIGA Hotels（Rome：Excelsior, Milano：Proncipe di Savoia, etc）も記憶に止めたい．

現代的・機能的なアメリカン・スタイルのホテル・チェーンとしては，ヒルトン，シェラトン，マリオット等がある．何れも空港内や立地条件が抜群のところにあり，週末割引を利用すると高嶺の花ではない．（http://www. hilton. com）（http://www. starwood. com/sheraton）（http://www. marriott. com）

筆者が最近よく利用するのは，地方の大，中都市にきめ細かくネットワークを構築している Accor チェーンである．Sofitel, Novotel, Mercure, Ibis の順に予算が少なくてすみ，立地条件も便利，中は清潔である．（http://www. accorhotels. com/accorhotels/index. html）

なお，地方の小都市にある格式高い昔風のホテルは，Best Western Hotels（BW）としてチェーンを構成している．

その他，航空各社のホテル・チェーンもあり，航空券の購入の際，容易に予約が取れる．

最後に，レストラン主体のホテルに言及したい．レストランの味の格付けは，ミシュランのホテル・レストラン・ガイドブック（赤表紙本）に毎年公表され，最高の星3個の（そのためにわざわざ訪問する価値のある）レストラン，星2個の（寄り道してでも行く価値がある）レストラン，星1個の（美味しい）レストランと星無しレストランに識別されている．ちなみに，フランス全土で，星3個付きレストランは約20軒，星2個付きは100軒弱，星1個付きは，300軒位と云われている．毎年評価結果を公表（刊行）するので，年によって若干の差がある．しかし，ミシュランのガイドブックに名前の出るレストランは，たとえ星がなくとも，私の経験では大変美味しい水準以上の店が紹介されるので，その情報の利用価値は大きい．

　フランスだけでなく，広くヨーロッパに輪を広げ，古城（chateaux）や名所旧跡を利用した星3個のレストランを中心に併設のホテル（relais）を紹介しているガイドブックがある．最高の店を網羅しているので，見るだけでも楽しい．下記インターネットで情報の入手や予約ができる．(http://www.relaischateaux.com/site/jp/home)

　同様に，イタリアに的を絞ったガイドブックもある．イタリアで話題のレストランが網羅してある．(http://www.ninofranco.it)

　フランスに限り，星1個クラスのレストランを持つシャトーホテルを網羅したガイドブックもある．何れもミシュランの当該国のガイドブックと併用し，楽しい旅をデザインすることをおすすめしたい．(http://www.chateauxethotels.com/public)

　なお，ミシュランは，フランス，スペイン，イタリア，ベネルクス，英国等々，ヨーロッパ各国別に毎年刊行している．21世紀になってから電話，ファックスに加え，e-mailのアドレスも加わり，便利さが倍増している．

（3）航空券

　最近は，顧客のシステム化が進み，搭乗マイルが記録され，相当するサービスが受けられるので，昔の様に色々な航空会社を渡り歩くことが少なくなってきた．小生は，アムステルダムをハブ空港としているのでKLMオランダ航空のマイレージ会員となり，KLMをメインにしている．Webは以下の通りである(http://www.klm.co.jp/, http://www.klm.com)．前者(-co.jp)は日本国内版，後者(-com)は国際版である．

　KLMでは，ハイシーズン以外は，日本からアムステルダム経由のヨーロ

ッパの一都市への往復航空券は，上記インターネットで15万円程度で予約できる．さらに，ヨーロッパ内の別売航空券も従来からでは考えられない安さで購入できる．インターネットが使い難い向きには，お近くの旅行代理店を通して，予約・発券ができる．

なお，ヨーロッパ人に評価が高く，ご三家といわれる英国航空（BA），エールフランス（AF），ルフトハンザ・ドイツ航空（LH）のWebは以下のとおりである．

BA（http://www.britishairways.com/ecp_no_dhtml.shtml），
AF（http://www.airfrance.co.jp, http://www.airfrance.com），
LH（http://www.lufthansa.co.jp, http://www.lufthansa.com/index_en.html）

（4）レンタカー

古い教会堂は，辺鄙で交通の便が悪い場所にある場合が多い．したがって，レンタカーを借り，自身でハンドルを握ることになる．大手のレンタカー会社は，国際空港といえる空港の到着ロビーにオフィスを構えているので，大変便利である．知られた会社は，5〜6社はあり，何れもサービスに大差はないらしい．

筆者は，長らくハーツ・レンタカー（http://www.hertz.com）を利用している．今までに，約10万キロの運転経歴にもなろうか．最近は，ハーツレンタカー＃1クラブゴールドの会員になっているので，事前に日本で電話予約（0120-489882）をし，空港に着くと事務所での手続きは省略され，直接専用のパーキングに駐車している指定車のキーを受け取るだけで，直ちに運転できる．この会員になることは時間の大幅な省略にもなりお勧めしたい．

ロンドンのヒースロー空港は四つの発着ターミナルがあり，レンタカー事務所・パーキングとそれらのターミナル間は，米国の多くの空港同様，無料専用バスが運行している．

パリのシャルル・ド・ゴール空港は，空港1と空港2に分かれるが両空港間の無料連絡バスが頻繁に運行しており，問題はない．

その他，アムステルダムのスキポール空港をはじめ，ブラッセル，マドリッド，バルセローナ，ローマ，ミラノ，ニース，ツールーズ，ウイーン，アテネ，ソフィア，ワルシャワ，ミュンヘン，ケルン，ハノーヴァー，コペンハーゲン等は，いずれも発着ロビーとレンタカーのパーキングが近く，何ら

問題はない，といえる．

（5） 観光に関する情報

　多くの図書が容易に入手可能である．本書のように自動車で回るには，フランスのタイヤ・メーカーであるミシュランが出している観光案内ガイドブック（緑表紙）と，すでに紹介したホテル・レストラン・ガイドブック（赤表紙）と，地図のワンセットが便利である．緑表紙のガイドブックは日本語訳が逐次刊行されたが，赤表紙のガイドブックは和訳が刊行されておらず，フランス案内はフランス語，イタリア案内はイタリア語，スペイン案内はスペイン語のように関係各国の言葉で書いてあるので，それらが多少は理解できる必要がある．主要国の辞書をノートパソコンに入力し，持参すれば問題はないが．

　地域を限ったやや詳しい情報は，各国政府の観光局を訪ねると得られる．観光地が独自のWebを立ち上げており，カラー写真が入った相当詳しい情報をインターネットからダウン・ロードできる．

　以下に若干の政府観光局のWebのアドレスを示す．

フランス政府観光局（03-3582-6965）
　　　　http://www.franceguide.com，
　　　　http://www.franceinformation.or.jp
イタリア政府観光局（03-3478-2051）
　　　　http://www.tabifan.com/italia/，　http://www.enit.it/
スペイン大使館観光局（03-3432-6141）
　　　　http://www.tourspain.es/
ドイツ観光局日本事務所（03-3586-0705）
　　　　http://www.germany-tourism.de，　http://tabiken.com/germany/
英国政府観光庁（03-5562-2550）
　　　　http://www.LondonTown.com，　http://visitscotland.com，
　　　　http://www.visitbritain.com/jp

1：カミノ・ド・サンチャゴを巡る旅
（Camino de Santiago：サンチャゴへの巡礼の路）

ポイント

サンチャゴへの巡礼は，フランス国内の4ルートとスペイン国内の2ルートを辿るのが多かった．無論，それらのルートに沿った教会堂以外にも，由緒あるものもあり，寄り道してそれらに詣でる巡礼も少なくなかったと云える．中世の時代の巡礼は，修道会の指導の元に，隊列を組み，宿泊する修道院を選び，個人的な自由はあまりなかったと想像できる．帆立貝（サン・ジャック）に導かれる旅であった．

現代のこの旅では，レンタカーを駆って自由に回れるので，いろんなルートを乗り換えて，しかもフランスは美食の国でもあることから，一生に一度の贅沢な旅をデザインすることにした．

訪問地

パリ，ランス，ラン，アミアン，ルーアン，シャルトル，ヴェズレイ，フォントネイ，デジョン，ボーヌ，シャーニー，トウルニュ，クルニュウ，パレイ・ル・モニアル，リヨン，ヴォナ，ル・ピュイ，コンク，アルビ，コルド，ツールーズ，モアサック，オーシ，ルールド，オロロン，ソンボール峠，ハカ，サン・ファン・デ・ラ・ペーニャ，レイレ，サングエッサ，ソス・デル・レイ・カトリコ，プエンテ・ラ・レイナ，エステージャ，サント・ドミンゴ・デ・カルサダ，ブルゴス，サント・ドミンゴ・デ・シロス，サンチリャーナ・デル・マール，コヴァドンガ，オビエド，リーリョ，エスカルダ，レオン，アストルガ，サモス，ルゴ，オレンセ，セラノバ，サンチャゴ・ド・コンポステーラ

第1日：パリからランスへ

パリ（Paris）でサン・ドニ（*St. Denis*），サン・ジェルマン・デ・プレ（*St Germain des Pres*），あるいはノートルダム大聖堂（*Cathedrale Notre-Dame*）を詣で，レンタカーを借り，郊外へとハンドルを握る．

ランス（Reims）はシャンペーン生産地の中心都市である．パリから高速自動車（A）-4に乗り，140 kmほど東へ向かうことになる．町中にシャンペーンのケーブがあり，なぜか優雅な雰囲気が漂っている．

パリ：サン・ジェルマン・デ・プレ

　ランスには，中世に於けるカミノ・ド・サンチャゴ（巡礼）時代に，トゥールのサン・マルタン，リモージュのサン・マルシャン，コンクのサント・フォア，ツールーズのサン・セルナンとともにフランス国内五大ロマネスク寺院と称されたサン・レミ（*Basilique St-Remi*）がある．現在残っているのは，サン・レミ，サント・フォア，サン・セルナンの三寺院のみであるのでその希少価値は大きい．

　さらにその後のゴシックの時代に建てられた大聖堂（*Cathederale*）は，歴代のフランス王の戴冠式が行われ，シャルトルの大聖堂，アミアンの大聖堂とともに優雅で雄大な大聖堂として有名である．

　前者は現在の町の外れに位置するロマネスクの聖堂であり，薄暗く，重々しい雰囲気であり，特にこの時代の教会堂の特徴か，マリア像がすがすがしく美しい（口絵カラー写真）．付属のミュージアムも一見の価値がある．これに対して，町の中心に聳えるゴシックの大聖堂は，規模が大きいだけでなく，バラ窓のステインドグラスが華麗であり，彫刻も優雅，フランスでは是非訪ねたい大聖堂の一つである．

コーヒーブレイク：フレンチ・グルメの体験 (1)

ランスには，このところ毎年ミシュランの3つ星に輝くレストラン「Boyer "Les Crayeres"」がある．フランスではレストランの夕食は8時頃から始まるが，7時半頃から来客の姿が見られ，併設のバーで食前酒を嗜めながらメニューに目を通す．

このレストランでは，シャンペーンの産地のためか，シャンペーン1本とデミボトルの赤ワイン1本と料理がセットになった珍しい定食がある．オードブルやシーフードはシャンペーンで，メインディッシュのピジョン（ハト：その日の定食）には赤ワインという訳である．

黒背広で正装した5,6人の客室担当のボーイ氏が約30席ほどのダイニングを優雅に泳ぎ回っている．午後9時を回る頃，シェフがダイニングに現れ，テーブルを一つづつ回り，料理のでき具合等短い会話をしながら挨拶を繰り返している．

味はもちろん最高であるが，シャンペーンの香り，そこここでの優雅な会話等々，これぞフランスの食文化といえるものを満喫できる．

11時頃，タクシーを呼んでもらいホテルに戻る．ホテルは各種のものが利用できる．なお，上記レストランは昔の貴族の館を改修しており，豪華ないくつかのダイニングの他に何室かの客室も備えている．予算に余裕があるなら，一度はこんな客室に宿泊することも無意味ではないであろう．

某有名在米音楽家は，このところ毎年11月になると約1週間ほどここに現れ，心身の充電に励んでいるとか．そして，シェフはその間，2度と同じ料理は出さずにもてなす，とシェフの夫人は語っていた．

第2日：ランスからラン，アミアンを経由してルーアンへ

ランスからA-26を55km程走ると，約5kmほど遠方の小高い丘の上に大聖堂が見えてくる．

ラン（Laon）には実に立派なゴシックの大聖堂がある．このノートルダム大聖堂は，身廊（一般人が着席する場所）は特に傑出しており，また五個の塔を備えている．普通の大聖堂は，壊れたり，あるいは建築費用が不足したりで，今日我々が見ると1,2個の塔のものが多いが，当時の設計では5個の塔は珍しくなく，それを今日に伝えている数少ない大聖堂である．大聖堂の回りは，中世がそのまま凍結保存された感じである．

ここから40km南西のソワッソン（Soissons），50kmほど西のノワイアン（Noyon）にも重厚な大聖堂があるが，時間の関係でA-26からN（国道）-29

を経てアミアンへ約1時間半ほどのドライブである．

　アミアン（Amiens）の大聖堂は高さや大きさも同類のものに比べて大きいだけでなく，ステンドグラス，内部の優雅さも群を抜き，表玄関の彫刻も素晴らしい．2001年夏にはそれらの彫刻に中世当時の色彩を復元するヴァーチャル・カラーを実現しフランス国内の話題になった．10年ほど前には玄関まで車を寄せることができたが，最近は周囲が整備され，大聖堂が立派なだけでなく，それを取り巻く周囲も優雅で見違えるようになった．

アミアンの大聖堂

　ルーアン（Rouen）はアミアンからN-29とA-28を乗り継いで110 kmほど，約1時間半で到着する．ジャンヌダークが処刑された町でもあるが，大聖堂や由緒ある立派な教会堂（*Eglise St. Ouen, Eglise St-Maclou*）がいくつかある．大聖堂は高い塔を備え，大きいので近くでは全貌が見えない．やや離れたセーヌ川の川辺から望遠するのがよい．町の中心地はそれほど広くないので，散歩に適している．

　ルーアンの近くには，由緒ある修道院やその廃墟がいくつかある．サン・ワンドリーユ（St-Wandrille）やジュミエージュ（Jumieges）の廃墟である．やや離れた英国海峡に面したフェカン（Fecamp）の修道院は，中世から「シャルトリューズ」と並ぶリキュールの王様「ベネディクティン」の製造でも知られている．

　セーヌの河口オンフール等はリゾートとしても有名である．セーヌを川上

へ登るとモネで知られたジヴェルニー（Giverny）はそれほど遠くはない．

ルーアンには多くのホテルがある．BWのネットワークに入っているディエッペ（Dieppe）はフランス国鉄（SNCF）ルーアン駅前にある昔風な安宿であるが，併設のレストランは意外に美味しかったと記憶している．ミシュランの2つ星レストランは，大聖堂からセーヌ川畔へ抜けて岸辺をワンブロック西へ散歩すると容易に到着する「Gill」である．フランスで会議の折り，1992年5月の誕生日に一人で祝杯をあげたのがこのレストランであったが，そのときはアラカルトのみで，食べたい料理を注文するのに苦労した記憶のみがある．

第3日：ルーアンからシャルトルを経てヴェズレイへ

ルーアンからN-15で66 kmほどで画家クロード・モネの邸宅等があるジヴェルニーへ寄れる．さらに35 kmほどで，その地域の中心地であるエヴルーに至る．もっとも，直接エヴルーに向かえば，50 kmほどであるが．

エヴルー（Evreux）は落ち着いた古風な街で，その中心に荘厳なゴシックの大聖堂が建っている．その脇に博物館（Musee）があり，ともに訪ねる価値は大きい．エブルーからN-154で77 km走るとシャルトルである．

シャルトル（Chartres）は古くからの門前町であり，その中心に聳える大聖堂は，片方の塔がロマネスク，もう一方の塔がゴシックと歴史がにじみ出ている．ステンドグラスには，テンプル騎士団がオリエントから得たような情報が盛り込まれ，内陣（教会堂の内部）の重厚さ，外観の優雅さを含め，フランス第一のゴシックの大聖堂との評価が定着している（口絵カラー写真）．大きいので，全体像を優雅に眺めるには，街の西方から中心地へ向かう（たとえばN-23）道をゆっくり走行するのがよい．ほかの教会堂としては*St-Pierre*があげられる．

シャルトルからN-154でオルレアン（Orleans）へ，さらにD-952でサン・ブノア（St. Benoit sur Loire），次いでN-7, D-957を経てヴェズレイへたどり着く．約225 kmのドライブである．

時間が許せばサン・ブノア（*Basilique, St-Benoit-sur-Loire*）修道院付属教会堂に寄りたい．サン・ブノアは聖ベネディクトのフランス語であり，イタリアのモンテ・カッシノで西欧型修道院を開祖した聖人の聖遺骸を祀る由緒ある荘厳な修道院である．

あるいは，オルレアンからA-71を南下し，ブールジュ（Bourges）の大聖

堂，シャリテ（la Charite sur Loire）の古い教会堂（*Eglise Notre-Dame*）を経由しヴェズレイへ到着するのも良い．

　ブールジュの大聖堂は，シャルトル，アミアン，ランスの３大聖堂に次ぐもので，パリのノートルダム，ルーアン，ノルマンディーのクータン（Coutances）等の大聖堂とともに高い評価を得ている．シャリテのロマネスクの教会堂もそれなりに惹かれるものがある．

　ヴェズレイ（Vezelay）の小高い丘にはフランス最大のロマネスクの教会堂（*Basilique Ste-Madeleine*）が聳えている．この教会堂のタンパンの彫刻や柱頭の彫刻は比類がないと評価が高い．ロマネスク美術の最高峰であろう．

ヴェズレイ・サントマドレイヌ教会のタンパン

　丘からの眺めがまた素晴らしく，周囲は白ワインの銘酒シャブリの産地である．ワインが良ければ料理も良いというように，マルク・ムノーのレストラン「レスペランス：L'Esperance」がある．

　さて，このヴェズレイを起点とするサンチャゴへの巡礼路をヴェズレイの路と称する．ヌベール（Nevers），リモージュ（Limoges），ペリグー（Perigueux）等を通過し，オスタバ（Ostabat）でパリの路，ル・ピュイの路と合流しサン・ジャン・ピー・ド・ポール（St-Jean Pied de Port）からピレネイへ入り，イバニエッタ（Ibaneta）峠を越え，スペインのプエンテ・ラ・レイナ

(Puente la Reina)でアルルの路と合流し一つになる．

コーヒーブレイク：フレンチ・グルメの体験（2）

　パリから車で2時間，ブルゴーニュ地方のヴェズレイにはフランス・ロマネスク教会の最高峰といわれるサント・マドレーヌ教会堂がある．この村の外れに「レスペランス」というレストランがある．このレストランは約30室の客室を持ち，ディナーを終えた客が宿泊できる．ミシュランだけでなく，もう一方の権威であるゴーミョが共に最高の評価を与えているフランス屈指の店である．予約を取り，夜8時に訪れた．

　まず，応接室に通され，食前酒を嗜めながらメニューを読む．マダムが挨拶に来る．8時30分頃，別室にセットされたテーブルに案内される．10時頃までに，オードブル，フォアグラのテリーヌ，オマールのポアレ等々，4, 5皿が30分刻みで出てくる．そして，最後に出た皿でピジョン（ハト）に出会うことになった．微妙な味付けには，フランス料理の奥深さをしみじみ感じることとなった．

　なお，この体験は1993年の秋であった．21世紀を迎えた現在，このレストランは，なぜか2つ星に降格している．

第4日：ヴェズレイからフォントネイを経てシャーニーへ

　ここでは，ヴェズレイの路には入らずに，フランスのシトー会の代表的な

フォントネイ修道院の回廊

修道院であるフォントネイを訪ねる．ブルゴーニュの美しい田舎道を約60 km，のどかなドライブである．

　フォントネイ（Fontenay）は現存する多くのシトー会修道院の中でも代表格である．フランス革命後の数奇な運命の痕跡はなく，実に静寂，優雅である．特にシトー会修道院の特徴である重厚な回廊は，時間を忘れさせるほどである．売店には，教会堂に関する写真集や学術著書が多く並べてあり，掘り出し本にも巡り会える．

　D-905，A-38を約80 km走行すると，ブルゴーニュの中心都市ディジョン（Dijon）である．いくつかの古い教会堂はあるが，ノートルダム教会以外には全国的に有名とはいえない．むしろ博物館や街並みがおもしろいが，郊外のブドウ畑は一見の価値があろう．ここからボーヌまでのN-74沿いの約40 kmは黄金の斜面といわれ，ジュブレ・シャンベルタン，ロマネコンチ，クロドブージョ，アロックスコルトン等々ブルゴーニュ赤ワインの銘柄の生産地が続く．ケーブに寄り，試飲したり，掘り出し物を購入したりと，ワイン愛好者にとっては最高の地でもある．

　ボーヌ（Beaune）では，ノートルダム聖堂の他に，中世の施療院であるオテル・デューや街の城壁がお勧めするポイントといえよう．

　宿泊は，N-74，N-6を乗り継ぎ16 kmほどの寒村シャーニー（Chagny）に決めたい．この村を有名にしたのは，17室しかないホテル・レストラン「ラメロワーズ（Lameloise）」である．エスカルゴやピジョン（鳩）を調理させたら世界一というブルゴーニュでも有数の3つ星レストランである．ピジョンをブルゴーニュの赤でハーモナイズさせて陶酔するのは，フランス人だけに許される特権ではない，と思うが如何でしょう？

　第5日：シャーニーからクルニュウ等を経てヴォナへ

　朝の爽やかなN-6を約45 kmほど走ると，ロマネスクの大僧院が聳えるソーヌ川沿いの静かな村であるトゥルニュ（Tournus）に着く．この古い教会堂（*Eglise St Philibert*）はフランスでも指折りのもので訪ねる価値は大きい．この村には星付きのレストランもあり，昼食を楽しめる．

　田舎の小道を標識に沿って約40 km弱で，クルニュウ（Cluny）である．そこには中世初期にスペインの巡礼路を整備した大修道会の本部があった．その修道院付属教会堂の規模は驚くほど大規模であったという．この修道会が儀式の豪華絢爛さ等で批判され，アンチテーゼとしてクレルボーの聖ベル

パレイ・ル・モニアルの大聖堂

ナールによって質素・勤勉なシトー会が誕生し，お株を奪われて衰退するが，その後フランス革命時には槍玉に挙げられ，破壊の憂き目にあったわけである．シトー会の修道院が今日まで生き延びているのと対照的である．この地に残るのは教会堂の翼廊（教会堂の翼に相当する部分）の一部のみである．往時の雄大な聖堂を空想し，N-79 で西に約 50 km で次の目的地に着く．

　パレイ・ル・モニアル（Paray-le-Monial）には，中世そのままの立派な大聖堂が現存する．この大聖堂（*Basilique du Sacre-Coeur*）は，先に述べたクルニュウの大聖堂を縮小したミニチュア版といわれる．空想と比較して見るのも面白いであろう．

　ここから，シャーリュー（Charlieu），そして山の中のシャテル・モンターニュ（Chatel-Montagne）を経て，ローマ法皇が十字軍を勧説したクレルモン・フェラン（Clermont-Ferrand）へ出よう（口絵カラー写真）．その周辺のオーシバル（Orcival），サン・ネクテール（St-Nectaire），イソワール（Issoire），ブリウッド（Brioude）等のロマネスクの聖堂を巡ってル・ピュイの路へ入り込むのも面白い．

　ここでは 130 km 程走りリヨンへ向かう．リヨン（Lyon）は中世の頃から商業の中心地で裕福であり，丘の上に聳えるノートルダム大聖堂（*Basilique*

N-D de Fourviviere) や丘の下のサン・ジャン (St-Jean) 大聖堂ほか豊かなキリスト教美術に囲まれた教会堂に礼拝できる．ひと頃，この街を中心にこの地方が美食のメッカと称されたが，ヴィエンヌ (Vienne) のポアンは逝去して久しく，ミオネイ (Mioney) の奇才アラン・シャペルも没後10年にもなり，ロアンヌ (Roanne) のトロワグロも引退が囁かれ，永くフランス料理界に君臨した帝王ポールボキューズももはや老い，何時までその世評に値するか，やや疑問に思える．

　田舎の小道を約50km程北上したブルゴーニュの小村ボオナ (Vonnas) で宿泊したい．奥ゆかしい古い教会堂 (Eglise de Brou) が現存する古都ブルグ・アン・ブレス (Bourg-en-Bresse) の近くで，天才シェフの名を取ったホテル・レストラン「ジョルジュ・ブラン (George Blanc)」がある．彼の才で，3つ星はこのところ微動だにしないが，実業家的な才覚も素晴らしく，小川に沿った幾つかのダイニング・ルームは世界からの客で超満員である．

　第6日：ヴォナからル・ピュイの路へ入りコンク，コルドへ
　A-46, N-88 で2時間ほどの走破で，奇岩の街ル・ピュイ (le Puy-en-Velay) に着く．丘の上のチャペル (Chapelle St-Michel d'Aiguilhe) や街中の大聖堂は中世の巡礼が出発点の一つとしただけの威厳に満ちている．薄暗い大聖堂の内部には黒いマリア像が祀ってあり，回廊は重々しい．ここからフランス国内四ルートのうち最も難関とされた巡礼路が始まる．深い谷は霧で覆われ，カーブだらけのその道は現在でも厳しい．

　北へ寄り道すると，30km程で，タペスリーで有名な修道院付属教会堂 (La chaise-Dieu) があり，その西の昼でも暗い深い森を抜けるとラバディユー (Lavaudieu) 修道院へ至る．

　ここでは寄り道をせず，中世を偲び，田舎道を120km程乗り継ぎ，聖女フォアを祀るコンク (Conques) の巡礼教会堂 (Eglise Ste-Foy) への路をとる．途中の山村ラギオール (Laguiole) に香草料理の名人ブラの3つ星レストラン「Michel Brass」がある．全くの山の中に1軒ポツンと隔離され，シェフは周囲の山から珍しい香草を採取し，新たな味覚を創造するという．フランスの食文化のすごさを実感できるが，又の機会まで割愛しよう．

　コンクの教会堂の入り口のタンパンの彫刻は，ロマネスクの傑作として，ベズレイに次ぐ高い評価を得ている．静かな村の一角に佇むこの教会堂へは，中世から今日に至るまで，多くの巡礼が押し寄せる．

コンクの巡礼教会堂のタンパン

　コンクから 40 km 程でロデス，さらに 70 km 程でアルビに至る．ロデス (Rodez) にはフランス屈指の鐘楼 (*Clocher de la Cathedrale N‑Dame*) があり，アルビ (Albi) には赤煉瓦作りの大聖堂 (*Cathedrale Ste‑Cecile*) がある．アルビ大聖堂の内陣の絵画は南仏十字軍により滅亡されたアルビジョア (キリスト教異端カタリ派) を連想させる．大聖堂に隣接したロートレック美術館も奥ゆかしい．

　最後に，アルビから北西に 25 km 程の空中城塞都市コルド (Cordes‑sur‑Ciel) で宿泊したい．ツールーズ伯の別荘があったところで，中世の邸宅を改修したホテル・レストラン「Grand Ecuyer」が利用できる．1 つ星ではあるが，フランス通の大先生である木村尚三郎氏 (東大名誉教授) が絶賛するだけのことはある．

　第 7 日：コルド，ツールーズ，モアサック，ルールドへ
　コルドから 80 km 弱で中世の南仏の中心都市ツールーズへ着く．現在では，エアバス生産基地を始めハイテクの工業都市に変身し活気に満ちているが，中世に於いてもツールーズ伯のお膝元として，独特の南仏文化 (カタリ派) を育み栄えた．しかし，南仏十字軍によってその出城であるカルカッソン，ベジエ等々が壊滅され，臣下のフォア伯領の山岳城モンセギュールの全滅を以てローマ・カトリックに制圧された．それらを回るのはまた別の意

ツールーズ・サン・セルナン巡礼教会堂

味で感慨深いものがあるが，ここでは割愛し，市内の教会堂に目を向けたい．
　ツールーズ (Toulouse) には中世の巡礼教会堂として名高いサン・セルナン教会堂 (*Basilique St-Sernin*) がある．古色蒼然とした中に品格がある．
　他にめぼしいものとしては，やや新しいが教会堂内部と回廊が美しいジャコバン教会堂 (*les Jacobins*)，そして大聖堂 (*Cathedrale St-Etienne*) であろう．

モアサック修道院の回廊

なお，ツールーズは4ルートのうち，アルルの路に沿うもので，アルル (Arles)，サン・ジル (St- Gilles)，サン・ギレーム・ル・デセール (St- Guilhem - les - Desert) に続き，その先，オーシ (Auch)，オロロン (Oloron Ste - Marie) からピレネー山脈のソンボール峠を越えてスペインのハカ (Jaca) へ抜けていく．ここでは以下の理由で再びル・ピュイの路に沿うモアサックへ向かう．約 60 km のドライブである．

モアサック (Moissac) のサン・ピエール教会堂 (*Eglise St- Pierre*) のポーテイル (正面入り口) の彫刻と回廊は，中世の巡礼路に於ける教会堂の最高傑作の一つとして称えられ，現在も良く保存されている．私も何回か訪れ，南仏の最高峰と感嘆したものであり，是非お勧めしたい．

モアサックから 85 km ほど走るとオーシ (Auch) へ至る．その大聖堂 (*Cathedrale Ste - Marie*) はそれ自体も威風堂々，素晴らしい教会堂であるが，豪華な彫刻が施された聖歌隊席の木製の椅子はさらに有名である．

ここから再び，アルルの路に入り，オロロンへ向かうが，寄り道をしたい．中世には存在しなかったが，150 年ほど前に見いだされた聖母マリアの泉があるルールドである．

ルールド (Lourdes) の泉は，癒しの泉ともいわれ，多くの難病を抱えた民が世界中から巡礼し，奇跡の快癒を遂げる者が後を絶たないという．無料の湧き水は，エビアンやヴィッテルよりは遥かに美味しく，病気の治癒は別にしても，健康によいと確信できる．是非寄り道し，ポリタンクに汲み置き，

フランス南西部，ルールドの聖母マリアの聖水泉

旅行中冷やして飲んだり，コーヒーを入れたり，水割りにしたり，健康増進に役立てたい．街の中心を流れるポー川沿いに多くの巡礼のための安価な宿泊施設があり，巡礼がローソクの明かりで行う夜間の礼拝に参加して異文化に浸ってみては如何か．

第8日：ルールドからオロロン，ピレネイのソンボール峠を越えスペインへ

　ルールドからオロロンへはポーの南を横切り約1時間強のドライブである．その辺は，ジュラソンのワインの里であり，多くのケーブの看板が見られ，奥が深そうである．ポー出身のフランス人の友人は，ツールーズで食事をする都度，ジュラソンを勧めるが，確かに白ワインには品格がある．ボルドーのソーテルヌ，ブルゴーニュのシャブリ等は世界中に知られているが，リヨン郊外のマコンやここのジュラソンは両者を加えて割ったとでもいえるような，奥深い味わいがある．

　オロロン（Oloron Ste-Marie）には，中世以来の巡礼教会堂（*Eglise Ste-Marie*）があり，そのポーテイルはつとに有名である．ここからは，スペインへの街道に乗り入れて南下し，ピレネイ越えとなる．

　さて，これでフランスともお別れとなるが，パリの路のツール（Tours），ポアチエ（Poitiers），やその脇道であるカーン（Caen）（口絵カラー写真），バイユー（Bayeux），ル・マン（le Mans），クータン（Coutances），モン・サン・ミシェル（le Mont-St Michel），レンヌ（Rennes），アンジェ（Angers），ナント（Nantes），カンペール（Quimper），ボルドー（Bordeaux）等の教会堂には全く触れることができなかった．ワインのボルドーやシーフードの美食の街ラ・ロシェル（la Rochelle）等々は別の機会に譲りたい．

　さて，スペイン最初の巡礼地ハカ（Jaca）には，1,632 mのソンボール峠を越えて30 km程下り路を走ると到着する．ここには大聖堂（*Catedral*）があり，そのタンパンは有名である．

　ハカの街からN-240で約15 km，間道に入り荒涼とした山道をさらに8 km程走ると，斜面にへばり着いた修道院の回廊が目に入る．ロマネスクの回廊で有名なサン・ファン・デ・ラ・ペーニャ（*San Juan de la Pena*）である．そこには駐車のスペースがなく，4 km程山を登った所にある修道院前から専用のバスで再度下って，中に入れる．岩の窪みに建てられた回廊は幽玄の境地そのものである．

その後，再びN-240へ戻り30 km弱でc-13に乗り継ぎ37 kmでソス・デル・レイ・カトリコ（Sos del Rey Catolico）で宿泊したい．この中世のまま凍結された宿場街は，アラゴン王のフェルディナンドが生まれた由緒ある街で，スペイン政府が経営する観光ホテル（パラドール）があり，中世を満喫できる．

時間的・体力的に余裕があれば，巡礼の路を辿り，レイレ修道院（S.Salvador de Leyre），サングエッサ（Sanguessa）を回って上記パラドールへたどり着いてもよい．湖を望む立派なレイレ修道院は保存状態もよいが，宿泊ホテルも併設されており，今も多くの巡礼が訪れる．川の畔のサングエッサには，ポーテイルで有名な巡礼教会堂（Iglesia de Santa Maria la Real）があるが，周囲の環境からは中世の面影が薄れつつある．

第9日：スペイン巡礼路を辿りサント・ドミンゴへ

フランス国内4ルートの合流点プエンテ・ラ・レイナ（Puente la Reina）へ向かう．パリ，ヴェズレイ，ル・ピュイの3ルートはすでにフランス国内のオスタバ（Ostabat）で合流し，ピレネイのイバニエッタ峠を越え，パンプローナを経て「王妃の橋」を意味するこの村で，ピレネイのソンボール峠，ハカを経てきたアルルの路と合流し一つになる．

二つの巡礼教会堂が現存するが，この地を意味する中世からの石造橋が有名である．ここで巡礼路についてやや詳しく述べておきたい．この橋の次の巡礼地点は，エステージャ（Estella）であり，19 kmほどの距離であるが，徒歩で辿った中世に於いてはもっときめ細かく，宿場町（村）が設定されていた．

エステージャには，ファサード（入り口の装飾）で有名なサン・ミゲル教会堂（Iglesia de San Miguel）と回廊が優雅なサン・ペドロ教会堂（Iglesia San Pedro de la Rua）があり，巡礼したい．

この日の宿泊地はサント・ドミンゴ・デ・ラ・カルサダ（Santo Domingo de la Calzada）とし，時間と興味で巡礼地を選択したい．

たとえば，昼時にはスペインには珍しい一つ星が最近まで付いていたレストラン（Borgia）が巡礼教会堂の近くにあるヴィアナ（Viana）に寄ったり，シェスタのため12～16時頃に閉門する教会堂が多いのでこの間に距離を伸ばし，午前9～12時，午後4～7時頃に集中して巡礼教会を訪問するとか，なにがしかの工夫が必要である．むろんフランスでも昼時閉門する教会堂もあ

るが，せいぜい2時頃には開門するので，スペインに比べればほとんど影響はない．

修道院の回廊が優雅なナヘラ（Najera：*Monasterio de Santa Maria la Real*）と辺鄙な山麓のサン・ミャン・デ・ラ・コゴーリャ（San Millan de la Cogolla：*Monasterio de Suso, - de Yuso*）をお勧めしたい．ペアな修道院のうち小高い丘の上に建つモサラベ様式のスソと平地に建つ豪壮なユソは一見の価値があろう．

宿泊地は，巡礼路の土木工事で崇められたサント（聖人）ドミンゴに因んだ巡礼の街で，中心に大聖堂が聳え立ち，その前にパラドールがある．このパラドールはロビーが豪華で，中世の貴族の館を連想させる素晴らしい国営ホテルである．大聖堂も10年程前に大改装を施し，ムゼオ（博物館）を併設し充実したが，入場料が高くなった．西欧すべての傾向であり，資本を投入し環境を整え，歴史的な観光資源で最大に稼ぐというわけである．

 コーヒーブレイク：スペイン国内の巡礼ネットワーク

スペインの Puente la Reina → Estella に例を取っても，2〜5 km と以下に示すように巡礼教会堂がセーフティー・ネットワークを構築していた．

Puente la Reina（4.5 km） *Maneru*（2.7 km） *Cirauqui*（5.3 km） *Lorca*（4.3 km） *Villatuerta*（2.5 km） *Estella*

巡礼者の安全のためでもある．

細かな巡礼地点を省きスペイン国内の主な巡礼地点に着目すると次の通である．

Puente la Reina → Estella → Los Arcos → Viana → Logrono → Navarrete → Najera → S.Millan de la Cogolla → Santo Domingo de la Calzada → Belorado → S.Juan de Ortega → Burgos → Castrojeriz → Fromista → Carrion → Sahagun → El Burgo Raneros → Mansilla de las Mulas → Leon → Villadangos → Astorga → Rabanal del Camino → Ponferrada → Villafranca del Bierzo → O Cebreiro → Sarria → Portomarin → Palas de Rei → Arzua → Santiago de Compostela

第10日：ブルゴスに寄りカンタブリアへ回り道

カルサダから N-120 で 120 km ほど西へ走るとスペイン巡礼路でレオンとともに最大の街と称されるブルゴス（Burgos）へ着く．ここには素晴らしい大聖堂がある．レオン（Leon），トレド（Toledo）の大聖堂と並び，スペインの美しい3大聖堂と称されている．荘厳さでは巡礼の終点であるサンチャ

1：カミノ・ド・サンチャゴを巡る旅

スペイン・ブルゴスの大聖堂

ゴ・ド・コンポステイラの大聖堂，雄大さではセビリアの大聖堂には敵わないが，バランスのとれた美しさでは，世評は妥当であろう．

ブルゴスの郊外には，これまた立派な王立修道院（*Real Monasterio de las Huelgas*）がある．しかしガイド付きの見学には1時間ほど見ておく必要がある．回廊は実に優雅である（口絵カラー写真）．

この先レオンまでの巡礼路には見るべき教会堂がないわけではないが，レコンキスタの中心都市レオンを訪れるに相応しい予備知識として，アストリウス地方への回り道をしたい．

その前に，まず，ブルゴスから南下し，ロマネスクの回廊ではスペイン一

と評価の高い修道院付属教会堂のあるサント・ドミンゴ・デ・シロス (Santo Domingo de Silos) へ寄ろう．南仏モアサックのサン・ピエール修道院付属教会堂の回廊と甲乙付けがたい傑作であろう．シェスタで閉門する時間の関係で，朝一番にここを訪れる方がよいかも知れない．

　ついで，ブルゴスから北上し，カンタブリア海に面した寒村サンチリャーナ・デル・マール (Santillana del Mar) を目指す．この村は中世がそのまま保存されたと言えるような村で，村の中心に佇む古い教会堂 (*Colegiata*) の回廊が実に美しい．すぐ近くにかっての豪族の館を改修した国営パラドールがあり，優雅な一夜が過ごせる．この村のすぐ近くにアルタミラの洞窟がある．突然訪れても洞窟内には入れないが，入り口の近くに博物館があり，関連資料に触れることができる．

　なお，時間がとれれば，ブルゴスから巡礼路を西へ 60 km 強のフロミスタ (Fromista) のロマネスクの巡礼教会堂 (*Iglesia de San Martin*)，さらに南西 30 km 程のパレンシア (Palencia) の大聖堂をお勧めする．パレンシアの大聖堂は規模が雄大でセヴィリアの大聖堂を想起させる．

第 11 日：サンチリャーナからコヴァドンガを経てオビエドへ

　ここからヒホン (Gijon) までは山塊が海岸線に迫りくるようだ．この山塊がピコ・ヨーロッパ (Picos de Europa) であり，この天然の要塞がイスラムの半島征服を阻止し，レコンキスタの拠点となった．西へ向かい，山塊に分け入り 140 km ほど走ると，その拠点コヴァドンガ (Covadonga) に着く．山の中に大聖堂が現れ，その前の広場にはペラヨの像が聳え，周辺には巡礼者のための宿泊施設が並んでいる．やや離れた洞窟には，マリア像を始めイスラムとの戦いを祈願したと思われる礼拝堂が保存されている．

　さらに西に進むと，80 km 強でアストリウス王国の首都であったオビエド (Oviedo) に着く．ここは垢抜けしたセンスあふれる街で，大聖堂は豪華．一見の価値がある．さらに街一番のホテル名が「レコンキスタ」であり，何故か，中世のレコンキスタが身近に感じられるようだ．

　郊外のナランコ山には，西欧では希少価値のプレ・ロマネスクの若干の教会堂 (*Santa Maria del Naranco, San Miguel de Lillo*) が保存されている．

第 12 日：オビエドからレオンへ

　オビエドからレオンに向け A-66 を 34 km 程走ると，プレ・ロマネスクの

スペイン・エスカルダ修道院教会堂

教会堂（*Iglesia de Santa Cristina de Lena*）が道路添いの高台に見える．

さらに 90 km 弱でレオン（Leon）に着く．ここには，スペイン・ゴシックの三大聖堂の一つと称される大聖堂とサン・イシドロ教会堂（*San Isidoro*）があり，いずれも巡礼路沿いでは超有名な存在である．

ゴシックの大聖堂は特にステンドグラスが美しく，回廊も優雅である．他方，ロマネスクの聖イシドロ教会は，300 年にもわたるイスラムとの激戦で，レコンキスタの精神的支柱であった守護聖人を祀る教会堂として別格の存在であった．クリプタの天井に描かれたフレスコ画が特に有名である．

宿泊は，中世に巡礼路で最大の宿泊所といわれたサン・マルコス修道院を改修したパラドール（*San Marcos*）を強くお勧めしたい．ロビー，中庭，回廊等々，中世に於けるスペイン的な美的要素が集中しているようだ．それから受ける感性は忘れがたい．

なお，レオンの南東 30 km 程の名もないような村に，小さな修道院教会堂（*San Miguel de Escalada*）がひっそりと佇んでいる．

通常は閉まっているが，お金を払うと中を見せてくれる．西欧でも初期の修道院で歴史的な評価が極めて高い教会堂である．

第 13 日：レオンから終点のサンチャゴ・ド・コンポステイラへ

レオンから終点のサンチャゴへは約 320 km である．まず，36 km 程でアストルガ（Astorga）に着く．ここの大聖堂は古くて規模が大きく，一口にいって荘厳である．また，古くはないが，ガウディの設計した見事な司祭宮

スペイン・レオンの大聖堂

(*Bishop's Palace*) がある．さらに 65 km 程でポンフェラーダ (Ponferrada) に着く．中世にレコンキスタで活躍したサンチャゴ騎士団（テンプル騎士団が築城）の城が今も残っている．

この先，中世の巡礼路に沿ってビアフランカ・デル・ビエルゾ (Villafranca del Bierzo) から山岳地帯に入り，セブレイロ峠，サモス修道院 (*Monasterio de Samos*)，サリア (Sarria)，パラス・ド・レイ (Palas de Rei)，サンチャゴと車を進めるか，あるいは巡礼路から外れてオレンセ (Orense)，セラノバ (Celanova) を訪れ，サンタ・マリア修道院を経由し，サンチャゴへと至るかであろう．

前者のルートではサモス修道院が素晴らしい．サリアからルゴ (Lugo)

サンチャゴ・ド・コンポステイラ大聖堂

を回りパラス・ド・レイへ出るのも面白い．ルゴは中世のままの城壁が街を取り囲んでおり，その中に聳える大聖堂は，城壁とともに一見の価値がある．

　後者では，オレンセには古くて奥ゆかしい大聖堂，また大きな回廊であるサンフランシスコ回廊がある．オレンセから 26 km 程南西のセラノバには回廊が華麗な大修道院がある．

　さて，いよいよサンチャゴ巡礼路の終点サンチャゴ・ド・コンポステイラ (Santiago de Compostela) に到着する．なぜ，イベリアの西の外れのこの地に聖ヤコブを祀る巡礼の聖地ができたかの詳細は省略するが，エルサレム，ローマと並ぶ巡礼の街として，現在も世界中から多くの巡礼者が訪れる．

　聳え立つ大聖堂の西正門の前が広場で，それを挟む北側に中世の王立救護・宿泊施設を改修した国営のパラドール (Hotel de los Reyes Catolocos) がある．ここには二個の庭（回廊）があり優雅である．目の前に聖ヤコブを祀った大聖堂がそびえ立ち感慨深い．ここでの宿泊はキリスト教徒であるなしを問わず，お勧めしたい．

　思えば，イスラムに征服されかかったイベリア半島で北部のごく少しの帯状の地域でレコンキスタの火を消さずに 300 年もがんばり通し，遂に，1492 年にグラナダからイスラムを追い出して，この半島に強固なカトリック王国

を築いたが,その最前線に最盛時には年間50万人もの巡礼を送り込み,表向きは巡礼ではあるが実質的にはレコンキスタの応援団の役目を負わせたのは,誰の知恵であろうか.当初,クルニュウ修道会が巡礼路に沿って巡礼教会堂や(宿泊のための)修道院を整備し,基盤を確立し,西欧中に張り巡らせたネットワークで人を送り込み,各地のレコンキスタ騎士団の志気を高め続けさせたことは,今考えてみても壮大なイヴェントであり,今日のキリスト教文化の逞しさとある意味での恐ろしさを痛感する.

用　語	英　語	仏　語	独　語	スペイン語	イタリア語
教会堂	church	eglise	kirche	iglesia	chiesa
大聖堂	cathedral	cathedrale	dom	catedral	duomo
回　廊	cloister	cloitre	kreuzgang	claustro	chiostro
納骨堂	crypt	crypte	krypta	cripta	ossario
修道院	abbey	abbaye	kloster	monasterio	abbazia
聖　母	our lady	notre dame	lieben frauen	Santa Maria	Santa Maria

西欧に於ける教会に関する用語

1：カミノ・ド・サンチャゴを巡る旅

資料-1　本章で訪ねた地名（教会堂）の略図

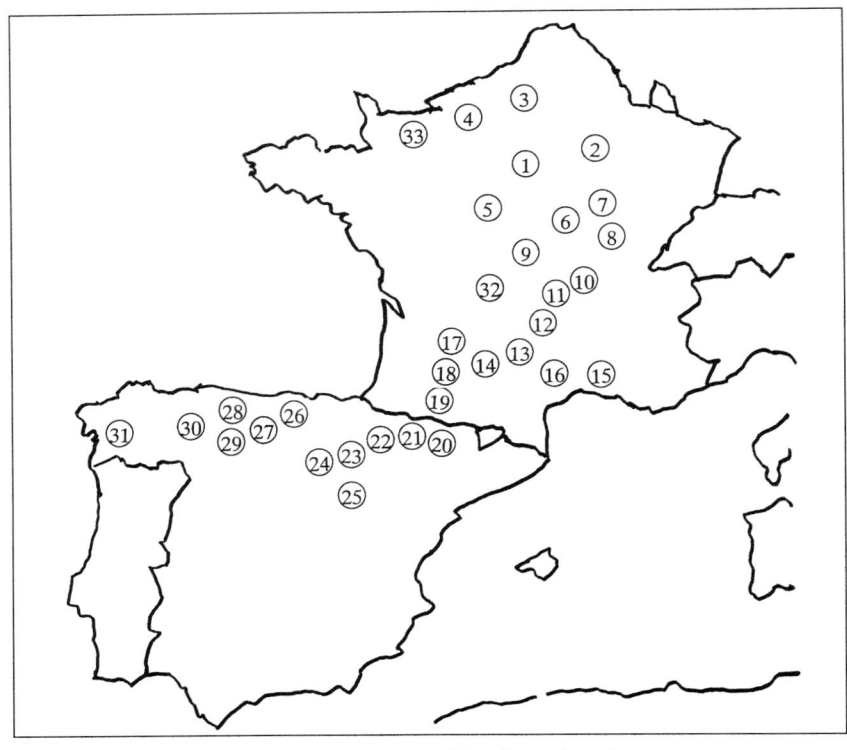

1 ：パリ（Paris）
2 ：ランス（Reims）
3 ：アミアン（Amiens）
4 ：ルーアン（Rouen）
5 ：シャルトル（Chartres）
6 ：ヴェズレイ（Vezelay）
7 ：フォントネイ（Fontenay）
8 ：ディジョン（Dijon）
9 ：パレイ・ル・モニアル（P-le-Monial）
10 ：リヨン（Lyon）
11 ：ル・ピュイ（le Puy）
12 ：コンク（Conques）
13 ：アルビ（Albi）
14 ：ツールーズ（Toulouse）
15 ：アルル（Arles）
16 ：サン・ギレーム・ル・デゼール（St-Guilhem-le-Desert）
17 ：モアサック（Moissac）
18 ：オーシ（Auch）
19 ：ルールド（Lourdes）
20 ：ハカ（Jaca）
21 ：サン・ファン・デ・ラ・ペーニャ（San-Juan de la Pena）
22 ：プエンテ・ラ・レイナ（Puente la Reina）
23 ：エステージャ（Estella）
24 ：ブルゴス（Burgos）
25 ：サント・ドミンゴ・デ・シロス（St Domingo-de-Silos）
26 ：サンチリャーナ（Santillana del Mar）
27 ：コヴァドンガ（Covadonga）
28 ：オビエド（Oviedo）
29 ：レオン（Leon）
30 ：サモス（Monasterio de Samos）
31 ：サンチャゴ（Santiago de Compostela）
32 ：クレルモン・フェラン（Clermont Ferrand）
33 ：カーン（Caen）

2：巡礼路以外のスペイン，及びポルトガルの旅

ポイント

イベリア半島は観光資源の宝庫といわれる．西欧の人々は，中世以来の巡礼路である北部に注目するが，これはすでに前章（1）で紹介した．

これに反して，我が日本では，何故か南のアンダルシアや東北部のバルセローナを中心とするカタルーニャ地域を訪れる者が多い．確かに，それらの地方は異国情緒が豊かで，訪れる魅力は大きい．本書のテーマである教会堂巡りに関しても，それらに劣らず魅力的である．

訪問地

マドリッド，エル・エスコリアル，セゴヴィア，アヴィラ，サラマンカ，ヴァリャドリッド，（サモーラ），シウダッド・ロドリゴ，グアルダ，ヴィセウ，ギマラエス，ブラガ，ポルト，コインブラ，ファチマ，トマール，バターリャ，アルコバサ，リスボン，エヴォラ，セヴィリア，アルコス・デ・ラ・フロンテラ，ロンダ，マラガ，グラナダ，コルドバ，トレド，クエンカ，ツデーラ，フェルエル，ソリア，サラゴッサ，ポブレ，モンセラ，ヴィック，リポーイ，セオ・デ・ウルヘル，サン・マルタン・ド・カニグー，サン・ミシェル・ド・キュクサ，セラボンヌ，エルヌ，コリウール，サン・ペレ・デ・ローダ，ジローナ，バルセローナ

第 1 日：マドリッド，セゴヴィア，アヴィラ，サラマンカへ

イサベラ，フェルディナンド両王による統一を経てヴァリャドリッドから現在の首都マドリードへ遷都した歴史が示すように，マドリッド（Madrid）が首都として機能するのは中世というよりは近世で，ロマネスクやゴシックの有名な教会堂は見られない．強いて挙げれば，デスカルザス修道院 (*Monasterio de las Descalzas Reales*) とサンフランシスコ大教会堂 (*Iglesia de San Francisco el Grande*) あたりであろう．むしろ，プラド美術館 (*Museo del Prado*) に時間を割いた方が良い．

マドリッドから地方へ車で出かける場合，筆者は空港からタクシーでアクセスし易く，ハーツ・レンタカーのオフィスがあるカステリャーナ（*Castellana-intercontinental*）ホテルを起点としている．有名なレストラン「サラカイン：*Zalacain*」は徒歩5分である．

さて，朝9時にレンタカーのハンドルを握る．A-6に乗り，エル・エスコ

リアル（*San Lorenzo de El Escorial*）の標識に従って50 km弱で到着する．フェリッペ二世が遷都後のマドリッドの近くに王家の菩提寺として建立した修道院で，規模といい，豪華さといい，かってのスペインの絶頂期を思い出させる証拠とでもいえよう．

A-6に戻りさらにガダラマ山脈を抜けると，東側にセゴビア，西側にアビラの古都がある．まず，A-6からN-603に乗り換え，約30 km走るとセゴビアである．

セゴビア（*Segovia*）は，デズニーの白雪姫の居城のモデルとなった城（*Alcazar*）やローマ時代に築かれた水道橋で知られているが，教会堂にも回廊が素晴らしい大聖堂（*Catedral*）があり，訪ねたい．

セゴビアからN-110で65 km走行すると城壁の街アビラ（*Avila*）である．城壁の内側に城を思わせる大聖堂が聳え，城壁の外側にロマネスクの教会堂（*Basilica de San Vicente*）が佇んでいる．

アビラから北西に向けN-501で98 km程のところがサラマンカ（*Salamanca*）である．古くからの学術都市である．街の中心にはスペインで最も美しいといわれるマヨール広場（*Plaza Mayor*）があり，その南に大学，新・旧の大聖堂（*Catedral Nueva & Vieja*），そしてサン・エステバン修道院（*Convento de San Esteban*）が聳えている．

スペイン・サラマンカの大聖堂

いずれも重厚で荘厳，学術都市に相応しい知的な感性が溢れている．エステバン修道院の二階建ての回廊は優雅である．

宿泊はパラドールがお勧めである．川を挟んで街の反対側の丘の上に建つこの宿舎の自室のバルコニーからは，夜間照明で浮き上がる幻想的な大聖堂を心ゆくまで眺められる．セゴビアやトレドのパラドールも同類で，街が見渡せる郊外の小高い丘に「夜間の照明に映える街」を眺めることに主眼を置き建築した国営ホテルである．

なお，時間が許せば，北東に120 kmのかつての首都バヤドリッド（Valladolid）も無視できない．そこでは，大聖堂や正面の彫刻が優雅なサン・パブロ（*Iglesia de San Pablo*）教会堂が見られる．

第2日：サラマンカからポルトガルのポルトへ

サラマンカからポルト（Porto）へはポルトガルの国内をIP-4またはIP-5のいずれのハイウェイを選択するかで二通りが考えられる．

前者では，サモーラ（Zamora），ブラガンサ（Braganca），ヴィラ・レアル（Vila Real），後者はシウダッド・ロドリゴ（Ciudad Rodrigo），ガルダ（Guarda），ヴィセウ（Viseu），ヴィラ・レアルで，その先ギマラエス（Guimaraes），ブラガ（Braga），そしてポルト（Porto）は共通である．

まず，サモーラへはN-630で60 kmほど北上する．ここが辺境の街であったことを想起させるのは，街の西端の河岸段丘に聳える重厚な大聖堂とその周辺の城壁であろう．ここからポルトガル領の城塞の街ブラガンサまで103 km，さらに，ヴィラ・レアルまで125 kmである．

後者では，シウダッド・ロドリゴまでN-620で約90 km，さらに27 kmで国境を越え，IP-5で48 kmでガルダに，さらに85 kmを快やかに飛ばしてヴィセウへ，N-2を107 km北上するとヴィラ・レアルである．IPC-5は時速100 kmで走行しても快適なハイウェイである．

シウダッド・ロドリゴには辺境の地に相応しく立派な城があり，現在はパラドールに変身している．この街は城郭でも有名であるが，構えも壮大で身廊や回廊が重厚で豪華な大聖堂が良く保存されており一見の価値がある．回廊の二階には宝物館も設けられている．

ガルダはポルトガルでは僻地であるエストレーラ山脈の麓の街であり，大聖堂は街の中心の小高い丘の上にあり堅牢な城の感じである．ポルトガルの大聖堂には戦闘用の城にも利用できるような頑丈な石造建築物が幾つか現存

している．20世紀になって15世紀末にスペインから追放されたユダヤ教徒がこの一帯に隠れ住んでいたことが判明した．表面的にカトリックに改宗して火炙りの刑を逃れた多くのユダヤ人がマラーノとして世を忍んだ歴史が見えるようだ．ヴィセウには美しい大聖堂（*Se*）が見られる．

さて，いずれを選択しても，ヴィラ・レアルから80 kmほど北上するとポルトガル王国発祥の地ギマラエスに至る．城，宮殿等見るべきものは多いが，話題になる教会堂はない．

ここから20 km強でポルトガルの小京都といわれる古都ブラガに着く．大聖堂（*Se Catedral*）が目玉で，ガラスで内庭を遮断された回廊を巻いてロマネスクの教会堂とゴシックの大聖堂とが併設されている．二階の宝物館も充実している．

ブラガからA-3経由で54 kmで古都ポルトに着く．中世に於いて，ここはポート・ワインの貿易で繁栄したためか，豪華な教会堂が幾つか現存している．内装の豪華なサンフランシスコ教会堂（*Igreja de San Francisco*），雄大で回廊が美しい大聖堂（*Se*）は必見であろう．

☕ コーヒーブレイク：マラーノ

イベリア半島における異端審問は，ヨーロッパ屈指の厳しさであり，特にスペインでは中世のみでなく近世まで，多くの民が火炙りの刑で灰にされた．

1492年ユダヤ教徒追放令がスペイン国王から発せられると，スペイン在住のユダヤ教徒はキリスト教に改宗するかこの国を去るか，の二者択一をせまられた．改宗キリスト教徒には周囲の目が光り，不用意な振る舞いから異端の嫌疑を密告され，無実の罪で火炙りの刑に処せられる者も少なくなかった．

スペインを去る道を選んだ者は，イスタンブール等の遠方に移住した者も少なくないが，隣国であるポルトガルの山岳地帯へ逃げ込んだ者も多い．前記エストレーラ山脈の麓のガルダの一帯に多くの改宗ユダヤ教徒が潜んだ．このユダヤ教徒は"マラーノ"（スペイン語で豚の意）といわれる．

ユダヤの民は優秀であるが，ナチによる大虐殺等々，世界的なイジメを受けてきているが，その一端が歴史上度々現れるのは，何とも気の毒なことである．

第3日：ポルトからコインブラ，リスボンへ

コインブラ（Coimbra）へはA-1で120 km程，ポルトガルの学術都市である．コインブラ大学はこの国の文化人の古里で，いろいろな小説に登場す

る．古都コインブラの旧市街の狭い小さな坂道を上り詰めると，山の上にコインブラ大学がある．ポルトガル最古の大学で規模も大きい．そこから見おろす街の景色は素晴らしい．この大学の直ぐ下に古い教会堂（*Se Velha*）がある．ポルトガルの古い大聖堂は殆どがその正面を石で固めた頑丈な城のようであるが，ここも例外でなくガッシリした外観である．身廊は厳か，回廊も落ちつきがある．この回廊から大学の塔が見え優雅である．コインブラには多くの優雅な教会がある．他には，サンタ・クルス修道院（*Mosteiro de Santa Cruz*）が有名である．

　ここから高速道路（A-1）を200 km南下するとリスボンである．しかし，途中65 km程で下車すると，聖地ファチマ（Fatima）である．20世紀初め聖母マリアがこの地に出現したとのこと，ローマ法皇庁が数々の証拠から聖地に認定し，世界がその奇跡に驚き，5月の聖日には多くの巡礼が押し掛けるようになった．何十万人もが礼拝できる大きな広場があり，その真ん中に美しい聖母マリアの像が建っている．ピレネイのフランス側の聖地ルールド同様，奇跡の地として西欧ではあまりにも有名である．

　東に約30 km，テンプル騎士団が築いた修道院（*Convento de Cristo*）で有名な街トマール（Tomar）が，北に約30 km，雄大な修道院（*Mosteiro*）の街バターリャ（Batalha）が，西に約30 km，古風で優雅な大修道院（*Mosteiro*

ポルトガル・トマールのテンプル騎士団の修道院

de Santa Maria)の街アルコバサ（Alcobaca）がある．

　トマールにはエルサレムの十字軍で活躍したテンプル騎士修道会が築いた城の機能を持った修道院がある．イベリア半島は，エルサレムからは遠いが，同様にイスラムとレコンキスタで戦っていたので，こんな凄い修道院が建設されたのであろう．中には大小幾つかの回廊が見られる．

　バターリャの巨大な修道院はアルコバサとは異なり，開放的な雰囲気が強い．いずれもポルトガルらしい規模の雄大な修道院で，大航海時代の勢いを想起させるものがある．

　アルコバサでは，緑の多い静かな環境に囲まれた小高い台地に雄大な修道院が聳えている．大聖堂は荘厳，付置の回廊は優雅である．二階からの回廊の眺めも抜群である．回廊は僧坊にも別のものが設けられている．

　リスボン（Lisboa）はポルトガルの首都である．郊外ではカボ岬，シントラの古城，市内のベレンの塔（Torre de Belem），ジェロニモス修道院（*Mosteiro dos Jeronimos*）等見所は多い．古い街は，アルファマ地区である．細い坂道の両側に古い石造りの家が並んでいる．サン・ジョルジェ城に近い下町の一角に大聖堂（*Se*）がある．リスボンにふさわしいのは，郊外にあるジェロニモス修道院の方であろう．ポルトガルには何故か巨大な幾つかの修道院

ポルトガル・アルコバサの修道院

がある．前述のアルコバサ，バターリャとこのジェロニモスが三大修道院と云えるようだ．宗教改革に対するカトリック側の対応策として，イエズス会が大航海時代に世界に乗りだし，キリスト教の布教に努め，わが国にもハビエルが渡来した．このエネルギーと無関係ではないだろう．

雄大な回廊は，ポルトガルにのみ見られる．スペインの回廊が瞑想的，静的であるのに対し，動的イメージが強く感じられる．

リスボンにはホテルは多いが，フランスのような美食レストランを備えているところは殆どない．ポルトガル独特の演歌であるファドの生演奏を聴きながら食事するファド・レストランを訪れたい．

第4日：リスボン，エヴォラ，そして南スペインへ

リスボンからA-2，A-6で約150 kmでエヴォラに着く．古都エボラ (Evora) は，かってのポルトガルの首都で古い城壁にぐるりと取り巻かれている．大聖堂 (*Se*) と聖サンフランシスコ教会堂 (*Igreja de Sao Francisco*) が見応えがある．

両者ともに古い教会であり，前者の英国風の二個の塔は堂々としている．その後建てられた多くの教会堂は白壁造りで，バロックの影響かいま一つ重

ポルトガル・エヴォラの大聖堂

厚さに欠ける．その時代にブラジル開発が進んだためか，以前ブラジルを訪問した際見かけた当地の古い教会堂がこのスタイルであった．

　A-6に戻り東進し，エストレモスやエルバスの城塞を通過し約100kmのドライブの後，スペインのバダホス (Badajoz) へ至る．さらに南に向かい，N-432, N-630を約210km走破するとセヴィリャ (Sevilla) に到着する．

　アンダルシアの中心都市セヴィリャには，グラナダのアランブラ宮殿の小型版があり，イスラム文化が保存されているが，キリスト教関係では，スペイン第1級の規模を誇る大聖堂 (*Catedral*) があり，隣接する巨大なヒラルダの塔 (*La Giralda*) は，当初からそれに釣り合った鐘楼の如く聳えている．大聖堂の内陣にはコロンブスの墓が収まっている．1992年にこの地で開催された「コロンブス新大陸到着500年記念万博」では，コロンブスと縁が深いことを強調していた．野菜の冷たいスープ「ガスパッチョ」は，この町のレストランではポピュラーである．

　ヘレス・デ・ラ・フロンテラ (Jerez de la Frontera) は南南西に90km程のシェリーの産地として有名な街であるが，そこから東に30km程のアルコス・デ・ラ・フロンテラ (Arcos de la Frontera) はヘレスと一語違いの街であるが，絶壁の上にある街で古い教会堂 (*Iglesia de Santa Maria*) がある．ここの見晴らしの良い一等地に国営ホテルのパラドールがあり，絶景である．やや古い話であるが，我が国で知られた料理専門家が，何かの記事でこのパ

スペイン・アルコス・デ・ラ・フロンテラの教会堂

ラドールの料理を賞賛していたことを思い出し，10年程前のある旅の途中で立ち寄ったが，確かにおいしいスペイン料理にありつけた．

第5日：アルコス・デ・ラ・フロンテラからグラナダへ

　アルコス・デ・ラ・フロンテラから山道を東に86 km程走ると山間の街ロンダ（Ronda）に着く．ここは近代闘牛の発祥の地といわれる．スペイン内戦の際，この街を流れる峡谷に架かった橋から何人もの政敵を谷底へ突き落とし処刑した話は，ヘミングウェイの小説等でも紹介された実話である．

　山の尾根や中腹を100 km弱走るとマラガ（Malaga）に着く．ヒブラルファロ城等見所も多いが，大聖堂（*Catedral*）は重厚で立派である．

　マラガから125 km程でグラナダ（Granada）である．コロンブスがアメリカ大陸へ到着する1492年のその年の1月にイサベラ，フェルディナンドのカトリック両王がイスラムの拠点，アランブラ宮殿を開城させ，レコンキスタに終止符を打った．したがって，キリスト教の教会堂はこれ以後の建立と

スペイン・グラナダのアランブラ宮殿

いうことになる．バロックの大聖堂は優雅である．むしろ，アランブラ宮殿の内庭に佇む修道院（*Convento de San Francisco*）を改修したパラドールに宿泊し，イスラム文化を堪能することをお勧めしたい．

第6日：グラナダからコルドバ，トレドへ

グラナダから N-432 を約 166 km，オリーブが植生する丘陵地帯をドライブすると古都コルドバ（Cordoba）に着く．ガダルキビル川に架かる古いローマ橋の街側の袂にイスラムのモスクを改修した大聖堂（*Mezquita-Catedral*）が聳えている．まさにイスラム教とキリスト教のハイブリッド礼拝堂である．近くのユダヤ人街も清楚で優雅，一見の価値がある．

トレド（Toledo）へは約 300 km のドライブである．途中，時間が許せば，カベサの礼拝所（*Virgin de la Cabeza*），カラトラバ騎士団（テンプル騎士団）ゆかりの遺跡等に回り道するのも良いであろう．

スペイン・トレドの大聖堂

タホ川に囲まれたトレドは，古い歴史を有し，イスラムの影響を受け，エキゾチックな魅力に満ちており，修道院，教会堂，城等々多くの歴史的遺産に恵まれている．特に，大聖堂は，ブルゴス，レオンと並びスペインのカソリックを代表するゴシックで外見も立派，内陣，回廊も華麗・荘厳，付属の宝物館も充実している．街のムードも感性も他の追随を許さない．昼はこの街を歩くに限るが，夜は照明に浮き上るパノラミックな夜景に浸りたい．宿泊は街外れの小高い丘に立つ見晴らしの良いパラドールがお勧めである．

なお，この古都では，前世紀のスペイン内戦の際，激戦が行われた．トレドの守備隊長が，人質に捕られた息子の命と交換条件で，開城降伏を迫られた際，愛国者として死を選ぶよう息子に伝えた話は，つとに有名である．

第7日：トレドからソリアへ

トレドからN-400でアランフェス（Aranjuez）を経由し，184 km程東へ走ると崖上の家で有名なクエンカ（Cuenca）に至る．旧市街は崖の上にありそこからの眺めは素晴らしい．大聖堂も荘厳，最近開業したパラドールは，峡谷に架かる橋を渡った対岸にあり，修道院を改築したホテルは重厚で豪華である．なお，豪華な修道院と言えば，クエンカに至る60 kmほど手前のウクレス（Ucles）は騎士修道会の居城をかねた修道院（Castillo-monasterio）で一見の価値はあろう．

ソリア（Soria）はクエンカから北に約280 kmの古都である．訪ねる価値

スペイン・ソリアのサン・ペドロ大聖堂の回廊

が大きな教会堂が幾つかある．聖ドミンゴ教会 (*Iglesia de Santo Domingo*)，奥ゆかしい回廊をもつ聖ペドロ (*St. Pedro*) 大聖堂，ロマネスクの回廊サン・ファン・デ・ドウエロ (*San Juan de Douero*) 修道院等々がある．ソリアのパラドールは新しい建築であるが，住み心地が良いと評判である．また，郊外には，ローマとの戦闘で壊滅されたヌマンシアの遺跡がある．時間が許せば，シグエンサ (*Siguenza*) を訪れたい．内陣が荘厳優雅な大聖堂がある

第 8 日：ソリアからサラゴッサ，バルセローナへ

ソリアの近くには，同様に見るべき価値が高い修道院や教会堂が多い．フェルエラ (*Veruela*) 修道院，ツデーラ (*Tudela*) の大聖堂を経て高速 (A-68) に上がり 80 km 程走ると，古都サラゴッサ (*Zaragoza*) へ着く．ここでは，立派な塔を備えた聖母教会堂 (*Basilica de Nuestra Senora del Pilar*) と古くて荘厳な大聖堂 (*La Seo*) がある．

サラゴッサから A-2 の高速を 145 km 走るとレリダ (*Lerida*) へ着くが，その 45 km 程先にポブレ (*Poblet*) 大修道院がある．時間が許せば，この周辺のバルボナ (*Vallbona de les Monges*)，サンテス・クレウス (*Santes Creus*) の大修道院も訪ねたい．この辺からバルセローナ (*Barcelona*) へは，A-2 で一走りである．

第 9 日：バルセローナからリポーイ，セオ・デ・ウルヘルへ

バルセローナの郊外サン・クガット (*Monasterio San Cugat del Valles*) やモンセラ (*Montserrat*) の修道院を訪ね，その後北上し，ヴィック (*Vic*) 大聖堂，あるいはリポーイ (*Ripoll*) の修道院付属教会堂 (*Monasterio Santa Maria*) を訪ねたい．時間があれば，リポーイ近郊の古い修道院 (*St-Joan de les Abadesses*) も訪ねたい．

ヴィックの大聖堂と博物館 (*Museo Episcopal*) は，前者は四角柱の形をした単塔をもった大聖堂で，典型的なカタルーニャ・ロマネスク，地下のクリプタや回廊等が素晴らしい．特に回廊は，一階がロマネスク，二階が後にゴシックスタイルのアーチを重ねたものでハイブリッドと云える．後者にはカタルーニャ美術が展示してあり，バルセローナの美術館同様見て楽しい．

リポーイの修道院付属サンタ・マリア教会堂はポーテイル（正面扉口）のロマネスク彫刻で有名である．現在は風化を防ぐために保護のガラスの防壁で覆われている．この教会堂の回廊は実に美しく，ピレネー北側のフランスに

建設されたサン・ミシェル・ド・キュクサ（St. Michel de Cuxa）と同類のものである．さて，ピレネイ山系の山の尾根や中腹を走るスカイラインを68 km進むと，フランス国境のピグセルダ（Puigcerda）へ出，そこから盆地の平坦な道を約50 kmで古くからの門前町であるセオ・デ・ウルヘル（Seo de Urgell）へ到着する．

セオ・デ・ウルヘルの旧市街の真ん中に何とも素晴らしい大聖堂（*Santa Maria*）がある．聖堂も古き良さがにじみ出ているが，回廊も美しい．また，カタルーニャ・ロマネスクの美術館も併設され，タウイその他，中世にピレネー山麓に開花したロマネスクの教会堂に関する資料が陳列されている．宿泊は，町はずれの小高い丘に建つリゾート・ホテル（El Castel）をお勧めしたい．ピレネイの眺めが秀逸，野禽類の料理でもミシュランから星1個を授与されている．

なお，ここからピレネイのスペイン側のタウイ（Tahull）のロマネスク教会堂（*San Clemente*）等を回るか，アンドラへ抜け，ピレネイのフランス側のロマネスク教会堂等を訪ねるかは好みであるが，ここでは後者を選択する．

スペイン・ポイ谷のタウイの教会堂

第10日：セオ・デ・ウルヘルからコリウールへ

セオ・デ・ウルヘルから20 km程でアンドラの中心都市エスカルダ（Les Escaldes）に着くが，そこに至る中間点あたりに古くて小さな教会堂（Sta Coloma）がある．今では住宅街の真ん中にポツンと取り残されたように佇んでいるが，有名な教会堂である．

さてアンドラからフランスへは2,400 m級の山の頂上近くの尾根をしばし走るので，眺めは素晴らしい．高山を下りピグセルダへ着くと，N-116の谷間の路をペルピニャンへ向けて走る．約50 kmでサン・マルタン・ド・カニグーへの分岐標識が目にはいる．7～8 km程で一般車の駐車場があり，4輪駆動のジープ以外は乗り入れ禁止の急な坂となる．徒歩で40分ほど登り峠を越えるとカニグー山系を背にした古い修道院（Abbaye de St-Martin de Canigue）へ着く．

サン・マルタン・ド・カニグーは峻厳な山腹に建つ修道院であり，その教会堂は荘厳そのものであり，回廊からの外界の眺めは実に素晴らしい．毎時にガイドが付いて内部見学を誘導してくれる．

さて，駐車場へ戻り，そこから約15 km程の所にサン・ミシェル・ド・キュクサ（St-Michel de Cuxa）修道院が美しく佇んでいる．町はずれの山林に囲まれた静かな場所に建つこの教会堂の優雅さは，回廊が半分ほど米国へ流出（ニューヨークのメトロポリタン博物館別館に半分の材質で回廊が再生されている）した今日でも，失われていない．なお，この修道院が所在するプラド（Prades）の街は，チェロのカザルスが晩年を送った街で，夏の音楽祭でも有名である．

この街から15 km程N-116を走るとセラボン（Serrabone）への標識が現れる．右折し谷に沿った田舎道を10 km程走るとさらに小さな路へ入り，山頂に向けて数km走ると頂上の小さな平地にロマネスクの修道院が佇んでいる．中の回廊や柱頭の彫刻が高い評価を得ている．

さて，ペルピニャンへ向かい途中でD-612を一走りすると，エルヌ（Elne）に着く．ここはスペインとの境界に近く，歴史的にも種々の交流があり，それらが教会堂やその回廊にも反映され，見応えがある．最近取り巻く環境は10年ほど以前に訪れた際の素朴さから一変し，瀟洒な雰囲気に変わっている．さらに15 km程，南下すると地中海のリゾートであるコリウール（Collioure）に着く．小規模な湾に沿ってホテルが並び眺めは良い．ここは，ピカソが休暇を楽しんだ街としても知られている．

ピレネイ山麓のサン・ミッシェル・ド・キュクサの修道院

　ピカソにしろ，カザルスにしろ，フランコ時代のスペインには入国できず，スペインの国境近くで祖国を忍んでいたのは，我々の共感を掻き立てる．

第11日：コリウール，フェローナを経てバルセローナへ戻る

　コリウールから地中海の海岸沿いに20km程南下すると，修道院の遺跡（*Saint Pere de Rodes*）へ到着する．ロマネスクの修道院で，地中海文化の象徴であろう．

　サン・ペレ・デ・ローダから50km程でフェローナ（Girona）に着く．この古都は，なかなかに味わい深いが，大聖堂が特に有名である．階段を上り見上げるような聖堂の正面入り口を入ると，優雅で厳かな内陣が目に入る．回廊（*Claustro*）がまた素晴らしい．宝物館に展示されている「ベェアトウス本」と「天地創造のタペスリー」は，是非とも見るべき価値がある．フェローナから高速道で約100km走るとバルセローナである．

第12日：バルセローナ

　バルセローナはカタルーニャの中心都市であり，スペインであってスペインではないとでも云うべき不思議な大都会である．空港からバルセローナ市街への入り口にモンジュイクの丘があり，カタルーニャ美術館（*Museu Na-*

スペイン・ジローナ大聖堂の回廊

cional d'Art de Catalunya) がある．そこには中世に近くのピレーネー山麓に展開したカタロニア・ロマネスクの教会堂に描かれたフレスコ画等が集められて展示してあり，キリスト教文化に興味を抱く者にとっては必見の博物館である．その他，幾つかの有名な博物館や美術館がある．

さらに，市の中心部へ向かい，港寄りに進むと，中世において街の中心部であったゴシック地区に到る．この一角に端麗な姿のゴシックの大聖堂 (*Catedral*) が聳えている．スペインではトレド，レオン，ブルゴスの3大ゴシックが有名であるが，これはそれらに遜色ない立派なものである．内陣は荘厳そのものである．対照的に新市街に建設中の巨大な教会堂 (*Sagrada Familia*) は驚異的な斬新さである．

なお，スペインの教会堂で紹介すべきものが若干残った．地中海のマヨルカ島の大聖堂 (*La Seu*, Palma)，地中海沿岸のタラゴナ (*Catedral*, Tarragona)，トルトサ (*Catedral*, Tortosa)，アルメリア (*Catedral*, Almeria)，やや内陸のムルシア (*Catedral*, Mursia)，ハエンの大聖堂 (*Catedral*, Jaen)，そして中央山間部のグアダルーペ修道院 (*Monasterio*, Guadalupe：口絵カラー写真) である．

資料-2　本章で訪ねた地名（教会堂）の略図

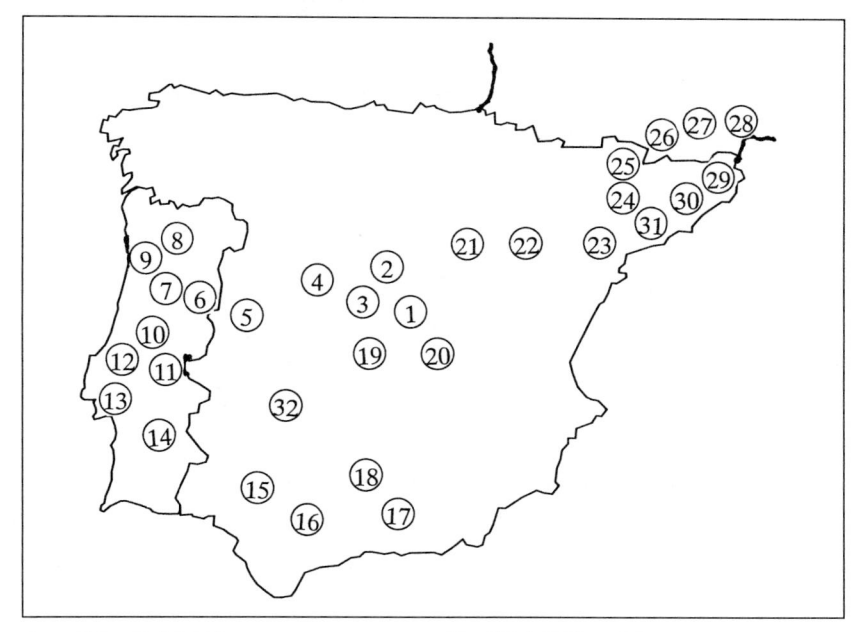

1：マドリッド（Madrid）
2：セゴビア（Segovia）
3：アビラ（Avila）
4：サラマンカ（Salamanca）
5：シウダッド・ロドリゴ（C. Rodrigo）
6：ガルダ（Guarda）
7：ヴィセウ（Viseu）
8：ブラガ（Braga）
9：ポルト（Porto）
10：コインブラ（Coimbra）
11：トマール（Tomar）
12：アルコバサ（Alcobaca）
13：リスボン（Lisboa）
14：エボラ（Evora）
15：セヴィリャ（Sevilla）
16：アルコス（Arcos de la Frontera）
17：グラナダ（Granada）
18：コルドバ（Cordoba）
19：トレド（Toledo）
20：クエンカ（Cuenca）
21：ソリア（Soria）
22：サラゴッサ（Zaragoza）
23：モンセラ（Montserrat）
24：リポーイ（Ripoll）
25：セオ・デ・ウルヘル（Seo de Urgell）
26：エスカルダ（Les Escaldes）
27：サン・ミシェル（St. Michel de Cuxa）
28：エルヌ（Elne）
29：サン・ペレ・デ・ローダ（S-P de Rodes）
30：フェローナ（Girona）
31：バルセローナ（Barcelona）
32：グアダルーペ（Guadalupe）

3：イタリアの旅

ポイント

凡人はいうに及ばず，ゲーテをも魅了したロマネスクからルネッサンス，バロックまでの世界最高峰のキリスト教文化，教会文化を訪ねる．

訪問地

ローマ，バーリ，モルフェッタ，トラーニ，サレルノ，アマルフィ，サンタ・アガタ，ナポリ，パレルモ，モンレアーレ，チェファル，タオルミーナ，カターニャ，マルタ，ローマ，スポーレット，アッシジ，トレンチーノ，シエナ，ピサ，ルッカ，フィレンツェ，ボローニャ，ラヴェンナ，ポンポーサ，ヴェネチア，アクイレイア，フェローナ，パルマ，ジェノーヴァ，ミラノ，コモ，ミラノ（マルペンサ）空港

第1日：ローマから空路バーリへ，陸路ソレント半島へ

国内線で約1時間，バーリ（Bari）は中世に十字軍が出港したアドリア海に面した南イタリアの古都である．空港でレンタカーを借り，目的地へ向かう．ここの旧市街にはロマネスク様式の大聖堂（*Cattedrale*）と聖ニコラの聖遺物を祀り，今なお巡礼が訪れるサン・ニコラ教会堂（*Basilica di San Nicola*）がある．

北西に30 km弱のモルフェッタ（Morfetta），さらに20 kmのトラーニ

イタリア・バーリ大聖堂（左）とサン・ニコラ聖堂

(Trani)の3都市があたかも一体となって南イタリアの多くの巡礼を集めていた．前者には大聖堂（*Cattedrale*）と古い教会堂（*Duomo*）があり，後者には，海岸の城塞の一部をなす格好で雄大な大聖堂（*Cattedrale*）がある．いずれも素晴らしいの一語である．なお時間が許せば，バーリの近郊に古い町（Bitonto）があり，そこの教会堂も参拝したい．

　トラーニからは南イタリアを横断するが，A-14, -16 を乗り継いでアベリノ（Avellino）へ，さらに E-841 で 30 km 程でサレルノ（Salerno）に到着する．古い港街で，現在はコンテナの基地港である．この旧市街には聖マタイを祀った 11 世紀の大聖堂（*Duomo*）がある．そのモザイクは一見の価値があろう．地下のクリプタとアプスのモザイクが素晴らしい．

　さて，ソレントへ向けカーブの多い海岸線を 20 km 程走るとアマルフィ（Amalfi）に着く．中世に於いては，ヴェネチア，ジェノヴァ，ピサと並ぶ四大海運都市として繁栄した．海岸から階段を登ると港を囲む旧市街を見下したオリエント風な大聖堂（*Duomo di Saint Andrea*）が聳え，付設して 13 世紀後半に建てられた天国の回廊（*Chiostro del Paradiso*）は，ロマネスクとアラブ様式をミックスし独特である．

　さらに西へ向け海岸線を 20 km 程走るとサンタガタ（Sant' Agata sui Due

イタリア・アマルフィの大聖堂

Golfi）に到着する．ここには，最近，南イタリアでは最初といわれるミシュランの3個の星に輝くレストラン「Don Alfonso-1890」がある．

第2日：サンタガタからナポリへ，空路パレルモへ

ナポリ（Napoli）はローマ以南で最もポピュラーな古都であり，「ナポリを見て死ね」ともいわれる風光明媚な街である．街の顔は，サンタ・ルチア港と卵城とを含む臨海地域で，平成6年のサミットに出席の各国首脳もこの一帯に集中する高級ホテルに滞在したと云う．しかし，やや離れた中央駅周辺が再開発され，高層ビルが林立した新しいビジネス街となり，ナポリの顔も変化しつつある．

サンタ・ルチア港に近い旧市街には古い教会堂が幾つかある．サンタ・キアラ教会（*Chiesa di Santa Chiara*）は，代表的な教会堂であろう．14世紀に建設の教会堂は外観，内陣も落ちついた年輪をかもしだし，裏手にある大きな回廊も奥ゆかしい．すぐ前にあるジェス・ヌオーヴォ（*Gesu Nuovo*）教会堂は，16世紀とやや新しいが，豪華である．その他旧市街には，サン・ロレンツオ・マジョーレ（*San Lorenzo Maggiore*）教会堂や大聖堂（*Duomo*）が，サンタ・ルチアの近くにあるサン・フランチェスコ・ディ・パオラ（*San Francesco di Paola*）教会等々奥ゆかしい教会堂が多い．また，ヴォーメロの丘にあるサン・マルチーノ修道院（*Certosa di San Martino*）も，現在は，国立美術館となっているが，一見の価値がある．夕刻にはレンタカーを空港で返し，空路シチリア島のパレルモへ飛びたい．着後，空港でレンタカーを借り，35km程東に戻り，パレルモ市内へ着く．

その前に時間が許せば，モンテ・カッシノ（Montecassino）を訪ねたい．ナポリとローマのおよそ半ばにあり，西欧型修道院の元祖として，7世紀に聖ベネディクトが開いた修道院である．小高い丘の頂上に聳え，高速道からその威容が見える．この修道院は，第二次世界大戦で連合軍とドイツ軍が死闘を演じたところとしても名高い．全てが破壊されたが，完全に修復されており，幾つかの回廊や付属の教会堂は，往時を偲ばせ，感慨深いものがある．

☕ **コーヒーブレイク：南イタリアのフレンチ**

一般にイタリア料理は，凄いボリュームのパスタ類を想像するが，少量の何種類かの皿を小刻みに出してくるレストランもある．ソレント半島の「ドンアルフォンソ1890」では，コースを終了するには3時間も要するほど，次々に繊細な料理が出てく

る.

　田舎のレストランでオードブルのビュッフェを注文すると，ナス，ピーマン，ズッキーニ等々の種々な料理が楽しめる．勿論，ローマのレストランや空港のレストランでも食べられるが，特に南イタリアでは田舎の方が味わい深い．

　ナポリの港の近くにある星一個のレストランのシーフドサラダはサンタ・ルチアと名付けられ，またその店のオリジナルなパスタともども独得である．

　アドリア海に面したバルレッタ (**Barletta**) の星一個のレストランで味わった，タラコならぬウニ・スパゲッティは秀逸であった.

第3日：パレルモからタオルミーナへ

　シチリアは，近年ではニューヨーク・マフィアの郷里として有名であるが，地中海の真ん中に位置するため，古代から中世にかけ，カルタゴ，ローマ，サラセン，ノルマン，スペイン，フランス等に征服された歴史を持ち，それらの文化が長い年月にわたり融合し，独特の文化をもつに至っている長閑な島である．

　シチリアの中心都市パレルモ (**Palermo**) は複雑な歴史を有する古都で，特にノルマン王朝が築かれた11世紀から12世紀にかけて黄金時代があり，教会堂も多い．特に，大聖堂 (*Cattedrale*) と小さな回廊を持つ教会堂 (*Chiesa di San Giovanni degli Eremiti*)，そして王のパラチネ礼拝堂 (*Chapella Palatina*) は是非参拝したい．

　モンレアーレ (**Monreale**) は，パレルモから南西へ約8 kmの小高い山の上

シチリア・パレルモのエリミチ教会堂の回廊

シチリア・チェファルの大聖堂

の村で，ここにノルマン王朝のウイリアムス二世が建てさせたベネディクト派修道院がある．大聖堂には，12世紀のモザイク（*Mosaici*）が残されており，また回廊（*Chiostro*）は，柱の一部もモザイクで飾られており，欧州でも最大級の素晴らしさである．ここを参拝できればシチリアを訪れる価値があろうというものである．

パレルモからメッシーナへ向けて約70 kmの岬の町の海岸に面した古都チェファル（Cefalu）には，12世紀に建てられたノルマン風の大聖堂（*Cattedrale*）があり，そこに描かれたモザイクはモンレアーレとともに有名である．

夜は強行軍になるが，ローマ劇場の遺跡が残る名所タオルミーナ（Taorumina）に泊まりたい．

第4日：タオルミーナからカターニャ，空路マルタ島へ

タオルミーナから約1時間の快適なドライブでカターニヤ（Catania）へ着く．レンタカーを返し，空路約50分でマルタ（Malta）島へ．

旧市街ヴァレッタ（Valletta）は，聖ヨハネ騎士団の団長の名に因む．聖ヨハネ騎士団はエルサレム，ロードス島とイスラムとの戦いで追われ，このマルタ島に安住の基地を築いた．その後ついにイスラムを撃退することになるが，そのキリスト教騎士団の本部があった街で，西欧の諸言語毎に騎士達が

居住した建物が残っている．教会堂としては大聖堂が二つ現存するが，その一つ（St-John's Church）の聖堂の床石には，聖ヨハネ騎士団の各騎士の生存中の活躍が神への報告の形で刻まれており，感慨深い空間を創出している．

第5日：マルタ島から空路ローマへ

約1時間40分でローマのレオナルド・ダ・ヴィンチ空港，地下鉄で市内へ．
ローマ（Roma）は，古代に於いてはローマ帝国の首府であり，古い文化遺産に事欠かない．その後，中世において，ローマ法皇のお膝下として，世界から多くの巡礼を集め，キリスト教の中心としての長い歴史を有する．それゆえ，キリスト教文化には至る所で遭遇する．まず「ローマの休日」として，ローマ法皇の寺院から巡礼をはじめよう．

サンピエトロ大寺院（Basilica di San Pietro）は，ローマ法皇の教会堂で，その規模は，まさに世界一である．ローマ市内のヴァチカーノとよばれる一角にこの教会堂，大回廊，システィーナ礼拝堂（Cappella Sistina），ヴァチカン美術館等々がその威容を誇っている．教会堂は比類がない豪華さで，システィーナ礼拝堂の天井に描かれた「天地創造」のミケランジェロによる壁画や，ヴァチカン美術館のラファエロの壁画はつとに有名である．さすがに，ローマン・カトリックの総本山だけのことがある．

ジェス（Gesu）教会堂は旧市街の中心地にあり，格調は高いが，質素である．イエズス会の拠点であり，ローマの四大教会堂の一つである．

サンタ・マリア・マジョーレ（Santa Maria Maggiore）教会堂も四大教会堂の一つであり，その起源は5世紀に遡り，内陣は荘厳でモザイクも見事である．

サン・ジョヴァンニ・イン・ラテラノ（San Giovanni in Laterano）教会堂も四大教会堂の一つである．しかもローマ市の司教座教会堂でもあり，雄大な大聖堂で，内陣も豪華，回廊も実に美しい．

バジリカ・サン・パオロも四大教会堂の一つであるが，旧市街を出た郊外にある．正式にはサン・パオロ・フォーリ・レ・ムーラ（San Paolo Fuori le Mura）と呼ばれる．ギリシア神殿を思い出させる太い柱列や，ラテン的なアーチの回廊が調和し，実に美しい．内陣も荘厳で，豪華である．

以上が四大教会堂である．その他，ローマには多くの教会堂があるが，ロマネスクの代表として，サンタ・マリア・イン・トラステヴェレ（Santa Maria

ローマ・サン・パオロ・フォーリ・レ・ムーラ教会堂

in Trastevere）教会堂，また唯一のゴシック教会堂として，ドメニコ修道会によりパンテオンの裏側に建てられたサンタ・マリア・ソプラ・ミネルヴァ（*Santa Maria Sopra Minerva*）を付加したい．

☕ コーヒーブレイク：ローマ

　ローマは7つの丘からなる古都である．現在はインタチェンジを33も持つ，大循環高速道で囲まれ，その30番目のインタチェンジから外に出て，約10 km程海岸に向かったところに，国際空港（フミチノ空港）がある．

　街の真ん中をテヴェレ川が流れている．中心地に近い川の西岸に天使（サンタンジェロ）城が聳え，その西側にヴァチカノ（法皇領）がある．川を挟んで対称の東側に，映画「ローマの休日」で多くが知るスペイン広場がある．

　さらにその東側1 km程の所に国鉄のローマ（テルミニ）駅がある．駅の南西300 m程にサンタ・マリア・マジョーレ教会堂がある．そこから1.5 km南下するとサン・ジョバンニ・イン・ラテラノ大聖堂があり，さらに旧市街の城門を出て南下すると，有名なサン・パオロ教会堂がある．

　そこから東へ2,3 kmの旧アッピア街道沿いに，ローマ時代のキリスト教徒の地下

墳墓（カタコンベ）がある．

　第6日：ローマからアッシジへ
　ローマの郊外を含め，やや広くとらえるこの地域には，山頂の古都アラトリ（Alatri）の大聖堂，フォッサノーバ（Fossanova）修道院，カサマリ（Casamari）修道院，サン・クレメンテ（*San Clemente a Casauria*）修道院廃墟，オルヴィエート（Orvieto）の大聖堂（*Duomo*），そしてファルファ（Farfa）修道院等，時間との相談で訪ねたい教会堂は多い．
　さて，ローマの参拝を切り上げ，昼過ぎにはレンタカーのハンドルを握ろう．A-1, SS-204経由で約130 km走ると古都スポーレットに着く．
　スポーレット（Spoleto）は，ローマから車で2時間ほど北に入った山間の街であり，古い石造の橋と大聖堂（*Duomo*）が有名である．表壁に張り付いたモザイクは鮮やかで，内陣も優雅である．ポーランドのチェンストホーヴァのようなマリア像を飾った小礼拝堂もある．
　スポーレットから40 km程で聖フランチェスコで有名な聖都アッシジに至る．
　アッシジ（Assisi）は小高いスバシオの丘の上の古都で，聖フランチェスコ

イタリア・スポーレットの大聖堂

イタリア・アッシジのサン・フランチェスコ教会堂

に縁の門前町である．聖フランチェスコは，中世において托鉢修道会を創設した聖人で，多くの読み物に紹介されているキリスト教史上でも屈指のスーパースター的な聖人である．聖人の名をとるサン・フランチェスコ教会（*Basilica di San Francesco*）はこの丘の山腹に建てられており，上下二層の聖堂からなり，内陣のジョットの壁画は素晴らしい．

その他，ロマネスクの聖ルフィーノ（*San Rufino*）大聖堂，やや街から離れるが聖フランチェスコが神の啓示を得たサン・ダミアーノ教会（*San Damiano*），街のほぼ中心に聳えるサンタ・キアラ教会（*Santa Chiara*）等々由緒ある中世の教会堂が見られる．サンタ・キアラ教会は，弟子で女子修道会の創始者である聖クララにちなむ教会である．

時間が許せば，東の山に分け入るとトレンチーノがあり，西へ向かえばエトルリア人が築いた古都ペルージアがあり，それぞれ訪ねる価値は大きい．

トレンチーノ（Tolentino）は，我が国では知られてないが，アドリア海側中部イタリア・マセラタ県の奥地にある．1305年に当地で没したアウグスティヌス会の修道僧聖ニコラを祀った壮大で優雅な古い教会堂（*Basilica di San Nicola*）があり，聖ニコラの数々の奇跡により，多くの巡礼を集め中世巡礼のメッカになった．内陣，回廊，美術（宝物）館ともにイタリアを代表する内容で今も多くの巡礼が訪れている（口絵カラー写真）．

ペルージャ（Perugia）は，中部イタリアのウンブリア平野の古都で，古代ローマ以前のエトルリア人が紀元前4世紀に造ったエトルスクの門も現存し

ている．大聖堂（*Cattederale*）は旧市街の中心である 11 月 4 日広場の大噴水に面して佇んでいる．この広場は何ともいえない歴史の重みを醸し出しており教会堂の身廊の柱も鮮やかな大理石で重々しい．サンピエトロ（*San Pietro*）教会堂はかつて三個の回廊を持ち大理石の祭壇やフレスコ画も優雅である．

コーヒーブレイク：聖フランチェスコ

聖フランチェスコは托鉢修道会の創始者としてイタリアは勿論，世界中のキリスト教徒に親しまれている．ここで簡単に修道会の歩みを整理してみよう．

キリスト教指導者の養成機関として聖ベネディクトがイタリアのモンテ・カッシノに西欧型の修道院を創設し，ベネディクト会則を定め以後の規範とした．これが 6 世紀のことであった．

聖ベネヂクトはフランス語ではサン・ブノアと呼ばれ，ロワール川上流にその名の有名な修道院教会がある．その後約 400 年，フランスはブルゴーニュのクルニュウに大修道院が建設され，中世キリスト教の支配体制がより強固なものになった．サンチャゴ巡礼路に沿って巡礼教会や救護修道院等が整備され，多くの巡礼がピレネーを越えてサンチャゴに詣でられたのもクルニュウ修道会に負うところが大であった．しかし反面権力は堕落を招いた．

これを批判して質素な修道院を目指したシトー修道会が，11 世紀末に聖ロベールによって創設された．クルニュウ大修道院は，フランス革命の際殆ど破壊されたが，農業技術をはじめ特にワインの製造技術に熱心なシトー会修道院は今日まで多くが残っている．

11 世紀末のシトー会創設に前後して十字軍が組織され，他方ローマ教皇と神聖ローマ皇帝との対立，あるいはキリスト教に於ける正統と異端との争い等，キリスト教社会もカオスの状態に流動し始めた．地盤（修道院）を持った修道会だけでは，キリスト教社会を統率できない時期に差し掛って来たわけである．ここに地盤を持たぬ托鉢修道会が誕生するニーズが生じた．このような時期にフランチェスコは登場してきた．

アッシジで裕福に育ったフランチェスコは，ある日突然全財産を捨て，キリストの導きで，清貧な信仰活動を始め，日に日に同志を増やしていった．教皇はフランチェスコの一派に，13 世紀初頭，（托鉢）修道会の公認を与えた．

次いで，ドミニコ（托鉢）修道会が公認された．以後彼らは教皇直属の地盤のないフリーな修道士として，教皇をもり立てていく．特に，ドミニカンは各地の異端審問所の審問官を勤め，封建領主を含め各層の異端被疑者の断罪に腕をふるい，多くを火刑

にし，恐れられる存在になる．

第7日：アッシジからフィレンツェへ

アッシジから約100 km西へ走るとシエナ，さらに120 km程でピサに着く．

シエナ（Siena）は中世のルネッサンス期にフィレンツェ共和国に対抗し，シエナ共和国の首都として商業・金融で栄えた文化都市であった．坂道が多く起伏に富んだ古都である．街の中心に美しい広場（カンポ）があり，毎年7月にパリオ（競馬）が開かれるので有名である．

街の往時の裕福さは，丘の上にその華麗で気品に満ちた存在をデモンストレーションしているかのような大聖堂（*Duomo*）が証明しているようだ．白と黒の大理石で造られたロマネスクと一体化したこのゴシックの大聖堂は，14世紀に建てられたが，この街と実によく調和しているようだ．

ピサ（Pisa）は，ヴェネチア，ジェノヴァ，アマルフィと並び，中世に於いては4大海運都市として栄えたが，ガリレオの自然落下の実験が行われた斜塔で世界に知られている古都でもある．大聖堂（*Duomo*），鐘楼としての斜塔（*Torre Pendente*），洗礼堂（*Battistero*）等はピサ・ロマネスクとして有名で

イタリア・シエナの大聖堂

イタリア・ルッカ・サン・ミケール教会堂

あり，回教美術の影響を受けたものとして知られている．

ピサの北約 20 km にルッカ（Lucca）がある．ロマネスク様式の大聖堂（*Duomo*）とファサード（*Facciata*）が素晴らしい教会堂（*Chiesa di San Michele in Foro*）がある

ルッカから東に約 50 km に古都ピストイア（Pistoia）さらに 20 km に古都プラト（Prato）がある．時間があれば，両者の大聖堂（*Duomo*）は一見の価値があろう．

プラトから南東に約 10 km でフィレンツェに到着する．

第 8 日：フィレンツェ

フィレンツェ（Firenze）は，いまさら説明するのもはばかれるルネッサンスの中心をなした古都である．街の中心に「花の聖母」大聖堂（*Santa Maria del Fiore*）がある．ルネッサンス期の大理石の芸術は，素晴らしいの一言でしかないであろう．鐘楼と洗礼堂が寄り添っている．

大聖堂の近くに，サン・ロレンツォ教会堂（*Chiesa di San Lorenzo*）が聳えている．ルネッサンスの代表的な教会で，ミケランジェロによるメディチ家礼拝堂がある．メディチ家の盛時を偲ばせる．

中央駅のすぐ近くに聳えるサンタ・マリア・ノヴェツラ（*Santa Maria Novella*），アルノ川に近いサンタ・クローチェ（*Santa Croce*）の教会堂は，それぞれ，13 世紀に創設された托鉢修道会の両雄の拠点である．

フィレンツェの大聖堂

　前者は，厳格なドミニコ会の教会堂で，フィレンツェ・ゴシックの代表格で外見は威厳に満ちている．内陣は明るくステンドグラスも華麗で，回廊も美しい．隣接の修道院の回廊は更に大きく，修道僧の生活が偲ばれる．
　後者もゴシックであるが，簡素を旨とするフランチェスコ会の教会堂であり，内陣は広いが，親しみやすい．教会の前の広場も人で賑わっており，広場の回りには，日曜でも，多くの店やレストランが営業している．
　その他，ドメニコ会修道士サヴォナ・ローラの改革運動で有名なサン・マルコ修道院 (*Convento e Museo di San Marco*) を挙げておきたい．回廊も美しいが，修道士フラ・アンジェリコのフレスコ画を始め，壁画や絵画に見るべき物が多い．

第 9 日：フィレンツェからボローニャへ
　フィレンツェから A-1 で約 85 km 走るとボローニャへ到着する．
　ボローニャ (Bologna) は，古都中の古都である．1067 年に創立の大学はヨーロッパで最古のものである．この街の古い中心街の広場に面してサン・

ペトロニオ教会（Basilica di San Petronio）が聳えている．正面壁が未完成であり外見からはやや単調ではあるが，厳格な表情をした教会の内陣は，柱の赤と壁のベージュのツートン・カラーで明るくシックである．アプスの黄金板の十字架のキリスト像は感銘深い．その他サント・ステファノ（Chiesa di Santo Stefano）教会堂も訪ねたい．旧市街に聳える高い塔等，見るべきものは多い．

第10日：ボローニャからラヴェンナ，ヴェネチアへ

ボローニャからA-14で約66 km走ると，古都ラヴェンナに着く．

ラヴェンナ（Ravenna）はアドリア海に面した静かな古都である．しかし，西ローマ帝国の首都や東ローマ帝国の総督府の時代を経験している．驚くべきことに，この古都に，ロマネスクをはるかに遡った古い時代のビザンチン様式の教会堂が，今日も保存されている．サン・ヴィターレ教会堂（Basilica di San Vitale）は，ビザンチン様式の柱頭，フレスコ，モザイクが実に素晴らしく，華麗な芸術には脱帽するのみである．他に，サンタポリナーレ・ヌーヴォ・バジリカ聖堂（Basilica di Sant'Apollinare Nuovo），サンタポリナーレ・イン・クラッセ・バジリカ聖堂（Basilica di Sant'Apollinare in Classe）等々があり，いずれも素晴らしい．

ラヴェンナからSS-309で約145 km北上すると水の都ヴェネチアである．その中間よりやや手前のポンポーサ（Pomposa）に大修道院が聳えている．

ポンポーザ修道院（Abbazia di Pomposia）はアドリア海に臨む小さな村にある大修道院で，古いロマネスクの塔を備えた教会堂は，なんとも奥ゆかしい．

時間が許せば，ポンポーサからフェツラーラ，パドヴァと回り道をしたい．

フェツラーラ（Ferrara）の旧市街のエステ城の近くに大聖堂（Duomo）がある．山の字状の表は白い大理石で美しい．内陣は豪華そのもの，入り口左側の細い螺旋形の階段を上ると宝物の展示室がある．

パドヴァ（Padova）は，ヴェローナとヴェネチアの中程に位置する古都である．街の至る所が古色蒼然とし重みを感じさせるが，聖アントニオを祀ったサントのバジリカ聖堂（Basilica del Santo）はその極みであり，多くの巡礼が訪れる．ロマネスクからゴシックの移行期に建てられた聖堂は，広い内陣や身廊は横方向にも使われ，祭壇も重厚である．ビザンチン風の円蓋の屋

ポンポーサの大修道院

根も厳かで，回廊も大小二つあり，いずれも美しく奥ゆかしい．ボローニャに次いで1222年に創立のダンテが学んだ由緒ある大学もあり，知的な印象である．

なお，レンタカーでヴェネチアを訪問する場合，どこに駐車させるかが問題である．筆者は，ラグーナは水上タクシー（船）で移動するので，陸側のメストラ（Mestre）駅の近くのホテルに駐車させ，列車でヴェネチアを往復した．

第11日：ヴェネチア

ヴェネチア（Venezia）共和国は，かつて東方貿易の拠点として，地中海を制覇した海洋国家で，十字軍時代には西欧の基地でもあった．世界の富が集中した時代もあり，素晴らしい教会堂が多い．陸地から永い橋を渡り島に着いたような感じで終着のサンタルチア駅に着く．そこからは運河を走る水上バスで約4km弱のところにサンマルコ広場がある．ここにサンマルコ寺院（*Basilica di San Marco*）が聳えている．11世紀に建築のビザンチン様式のこの教会堂は5個の円蓋を持ち，聖マルコの遺骸をまつってあり，外見，内陣ともに荘厳である．身廊と円蓋の内壁は華麗なモザイクで目を見張るほどである．ついで，サン・ザッカリア（*San Zaccaria*）教会堂，サン・ザニポロ（*San Zanipolo*）教会堂，サンタ・マリア・デツラ・サルーテ（*Santa Maria della Salute*）教会堂，サン・ジョルジ（*San Giorgio Maggiore*）教会堂，フラーリ（*Santa Maria Groriosa del Frari*）教会堂等々であろう．ラグーナの北東に

位置する郊外のトルチェツロ島に7世紀に建てられたサンタ・マリア・アッスンタ教会堂（*Cattedrale di Santa Maria Assunta*）はビザンチン様式のモザイク（*Mosaici*）で異色の存在である．

なお，A-4経由で北東に約120 km程のアクイレイア（Aquileia）には古くて巨大な寺院（*Basilica*）があり，一見の価値がある．

第12日：ヴェネチアからフェローナ，パルマ，ジェノーヴァへ

ヴェネチアからA-4で西に約114 kmでフェローナに至る．

ヴェローナ（Verona）はローマ時代からの古い街で，ロメオとジュリエットで知られている．サン・ゼーノ・マッジョーレ（*Chiesa di San Zeno Maggiore*）教会堂は，内陣が二階建てで，北イタリアで最も美しいロマネスク教会堂といわれている．マンテーニャの祭壇画，回廊も高い評価である．

時間が許せば，ヴィチェンツァ（Vicenza）へ寄り，絶景がつづく山を越えトレント（Trento）をまわって，フェローナへ出るコースも良い．両者とも旧市街に趣のある大聖堂が聳えている．

フェローナからA-22で85 km程でモデナへ，ついでA-1で50 km程でパルマに着く．

モデナ（Modena）はエステ公国の首府であった古い街である．ここの大聖堂（*Duomo*）は，11世紀のロマネスク様式で，正面はイタリアらしい白い大理石で輝き，内陣は重厚である．

パルマ（Parma）は生ハムで知られた古都である．大聖堂（*Duomo*）も立派であるが，礼拝堂（*Battistero*）がさらに有名である．

パルマからA-15，A-12を乗り継ぎ，200 km弱で中世からの海運都市ジェノーヴァ（Genova）に着く．この旧市街には，裕福であった歴史を示すように，豪華な建築物が多い．特に大聖堂（*Cattedrale di San Lorenzo*）は豪華である．この街は山が迫る港町であり，道路もゴタゴタしており，町中のホテル等を疲れた体で運転しながら探すのは難しい．空港へはアクセスも楽であり，空港内にあるホテル（シェラトン・ホテル）を利用するのが得策であろう．

第13日：ジェノーヴァからミラノへ

ジェノーヴァからミラノへは150 km弱である．途中のパヴィアでは，大

ヴェローナのサン・ゼーノ・マッジョーレ教会堂

修道院を訪ねたい.
　パヴィア（Pavia）はミラノから 30 km 南に位置する静かな田園地帯で，カルトジオ修道会の僧院（*Certosa di Pavia*）はゴシックの内陣の豪華さもさることながら，ファサードの華麗な装飾は実に素晴らしい．回廊がまた美しく，二つ目の大きな回廊は多くの僧坊をつないでおり一種壮観である．
　ミラノ（Milano）は，スイスに接する北イタリアのロンバルディア州の首都であると同時に北イタリアの代表的な大都会である．
　街は，洗練された雰囲気に包まれており，その中心に建つミラノの大聖堂（*Duomo*）は，フランボワイヤン・ゴシックで優雅である．内外ともにきめの細かな彫刻がふんだんに用いられ，後陣（祭壇の奥，アプスとも云う）の素晴らしさはいうまでもなく，クリプタや床のタイルも美しい．ともかくイタリアらしい華麗な大聖堂である．狭い階段を登ると屋上へ達し，ミラノの街が眺められる．その他，サンタ・マリア・デツレ・グラッエ教会堂（*Chiesa di Santa Maria della Grazie*）は，「最後の晩餐」のフレスコ画で有名である．
　時間が許せば，ベルガモやクレモナ，さらにはトリノ近郊のサクラ・ディ・サン・ミケールの教会堂も訪ねたい．

パヴィアのカルトジオ修道会教会堂

　ベルガモ（Bergamo）はミラノの北東 47 km に位置する古い街である．丘の上の旧市街には，幾つかの古い教会堂が奥ゆかしく佇んでいる．サンタ・マリア・マッジョーレ教会（*Basilica di Santa Maria Maggiore*）は 12 世紀に建設の古く奥ゆかしい教会堂である．

　クレモナ（Cremona）は，ミラノから南東に約 100 km，ここの古いセント

ミラノの大聖堂

ロに大聖堂（*Duomo*）と鐘楼（*Battistero*）が静かに佇んでいる．身廊が東西だけでなく，南北にものびている．正面の形や装飾は，イタリア独特の白い大理石の繊細な物で，特に鐘楼は，イタリアで最も高いので有名である．なお，ストラディヴァリウスのヴァイオリンの製作でも有名である．

　ミラノから高速道を1時間余りでトリノに着くが，更に西に20 km程の所の標高962 mの山の頂上に聳えるサクラ・ディ・サン・ミケール修道院（*Abbazia di Sacra di San Michele*）の教会堂は素晴らしい．教会堂の回廊からの見晴らしは筆舌に尽くし難い．

第14日：ミラノからコモ，ミラノ（マルペンサ）空港へ

　ミラノの国際空港は長らく狭いリナーテ空港であったが，21世紀から約50 km程北西のマルペンサ（Malpensa）空港へ主力を移行させている．ミラノから空港へはA-8を辿ることになるが，途中でA-9に乗ると湖で有名なコモ（Como）に容易に到着できる．

　コモには豪華な大聖堂（*Duomo*）が湖の近くに聳えている．是非訪ねたい．

資料-3　本章で訪ねた地名（教会堂）の略図

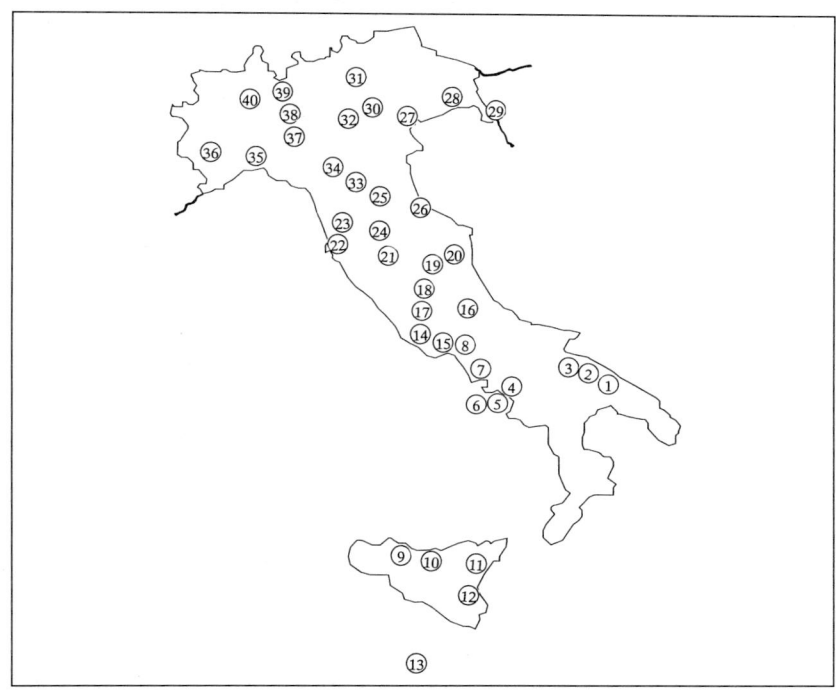

1：バーリ（Bari）
2：モルフェッタ（Morfetta）
3：トラーニ（Trani）
4：サレルノ（Salerno）
5：アマルフィ（Amalfi）
6：サンタガタ（Sant' Agata sui Due Golfi）
7：ナポリ（Napoli）
8：モンテ・カッシノ（Montecassino）
9：パレルモ（Palermo）
10：チェファル（Cefalu）
11：タオルミーナ（Taorumina）
12：カターニア（Catania）
13：ヴァレッタ（Valletta）
14：ローマ（Roma）
15：フォッサノーバ（Fossanova）
16：サン・クレメンテ（San Clemente a Casauria）
17：ファルファ（Farfa）
18：スポーレット（Spoleto）
19：アッシジ（Assisi）
20：トレンチーノ（Tolentino）
21：シエナ（Siena）
22：ピサ（Pisa）
23：ルッカ（Lucca）
24：フィレンツェ（Firenze）
25：ボローニャ（Bologna）
26：ラヴェンナ（Ravenna）
27：ヴェネチア（Venezia）
28：アクイレイア（Aquileia）
29：トリエステ（Trieste）
30：ヴィチェンツァ（Vicenza）
31：トレント（Trento）
32：ヴェローナ（Verona）
33：モデナ（Modena）
34：パルマ（Parma）
35：ジェノーヴァ（Genova）
36：サクラ・ディ・サン・ミケール（Sacra di San Michele）
37：パヴィア（Pavia）
38：ミラノ（Milano）
39：コモ（Como）
40：マルペンサ（Malpensa）

4：ドイツとロマンティシュ・シュトラーゼの旅

ポイント

　ドイツはライン，ドナウの大河，ロマンティシュ・シュトラーゼなど我が国でも多くに知られた観光国である．ライン川に沿う多くの古城やローレライの岩，支流のモーゼル川巡りも楽しいが，教会堂にも見るべきものが意外に多い．

　意外にとは，キリスト教のローマン・カトリックに対するプロテスタントの2極分割では，スイス，ドイツ，オランダ等はルターやカルビンの宗教改革が浸透した国として，イタリア，フランス，スペイン，ベルギー，ポーランド等のカトリック国に比べて教会堂の建築・保存に関してはプーアであると考えられるからである．

　しかし，中世においては，ケルン，マインツ，トリアの司教やドイツ諸侯の何人かは神聖ローマ帝国の選定権を持ち，キリスト教文化に対する理解は深く，地域によるが，古いロマネスクやゴシック，あるいは華麗なバロックが現存している．

訪問地

　ベルリン，マグデブルグ，ブランシュワイク，ハンブルグ，リュベック，ヒルデスハイム，ハノーヴァ，ミンデン，ミュンスター，エッセン，ケルン，アーヘン，マリア・ラーハ，リムブルグ，マインツ，ヴォルムス，シュパイヤー，マールブロン，フライブルグ，コンスタンツ，ヴァインガルテン，ツヴィーファルテン，ウルム，オットーボイレン，ヴィース，ミュンヘン，アウグスブルグ，ネルドリンゲン，ディンケルスビュール，ローテンブルグ，バド・メルゲントハイム，ビュルツブルグ，バムベルグ，ニュールンベルグ，レーゲンスブルグ，エアフルト，ライプツィッヒ，ドレスデン，ベルリン

第1日：ベルリン

　永らく壁で東西に分割されていたベルリン（Berlin）が統一されたのは，1989年末であった．西ベルリンには20年以前から縁があり，再々訪問していたが，東には縁がなく，統一の前年に初めて訪れた．

　西ベルリンから地下鉄で訪れた東ベルリンでは厳しい入国審査，タクシーを待つ長い行列，排煙にまみれたポンコツ車等々，西との格差に驚いた記憶が今も鮮明である．

旧東ベルリンには大戦前の主要な記念建築物が多い．多くの教会堂もあるが，たとえば，ブランデンブルク門を後にウンター・デン・リンデン（Unter den Linden）大通りを東に向けて 2 km 程散歩すると，大聖堂（*Dom*）そしてマリア教会（*Marien‑Kirche*）がある．しかし，内陣は当時は見る影もなかった．

ベルリン大聖堂

今やベルリンはどこへでも容易に行けるので，事情は全く異なっている．美術館，公園等見るべきものは多いが，歴史的には後進性の強かったプロシャの中心都市であったこと，さらに第二次世界大戦に於ける徹底的な破壊，大戦後に於いては中心地であった東は最近まで無信教の共産主義が支配した等の理由で，大聖堂や教会堂はやや寂しい．旧西ベルリンには，第二次世界大戦で全身傷だらけのウイルヘルム皇帝記念教会堂が戦争の厳しさを証明するかのように佇んでいる．

第 2 日：ベルリン，マグデブルグ，ハンブルグへ

ベルリンから西へ約 140 km に古都マグデブルグ（Magdeburg）がある．エルベ川畔に古くから開けた古都で，プラハ，ドレスデンの下流，ハンブルグの上流に位置する．この街の大聖堂（*Dom*）は，古くて雄大なゴシックで，ドイツ最大級のものであろう．遠方から見える高く聳える双塔，相応しい回

廊，筆者も訪ねてみてその外観の素晴らしさに驚いたものである．しかし，内陣の装飾が極めて寂しい．約半世紀にわたる共産主義の支配がいずこの教会堂の内陣をも空虚なものにしていた．訪問時は東西併合後4年の歳月を経ていたが，西欧並の充実をみるには，もうしばらく時間を必要とするようだ．

マグデブルグ大聖堂

　A-2を東にさらに約90 km走ると，古都ブランシュワイク（Braunschweig）に着く．現在はバイオ関係の学術都市として名高いが，大聖堂（*Dom : Imerward - Kruzifix*）は見るべき価値があろう．

　北に約170 kmに北ドイツの大都市ハンブルグがある．ハンブルグ（Hamburg）はエルベ川の河口であり，世界有数の港を持つ．古くから商業都市として開けているが，教会堂としては132 mの鐘楼をもつ聖ミカエル教会堂（*St. Michaelis Kirche*）が有名である．

　第3日：ハンブルグ，ヒルデスハイム，ハノーヴァへ
　ハンブルグの仲間のハンザ都市として栄えたのが，北東に66 km，バルト海に面したリューベック（Lübeck）である．旧市街（Altstadt）には見るべきものが多い．街の入り口に聳える中世のホルシュテン門（*Holstentor*）は特に有名である．街の中心にある聖マリア教会堂（*St.Maria Kirche*）は端正で

4：ドイツとロマンティシュ・シュトラーゼの旅

ヒルデスハイム大聖堂の回廊

優雅なたたずまいを見せている．

近くの古都，リューネブルグ (Lueneburg), ツェレ (Celle), ブレーメン (Bremen) 等も，時間が許せば訪れたいが，ドイツ・ロマネスクの嚆矢といわれる聖ミカエル教会堂があるヒルデスハイムへ向う．

ヒルデスハイム (Hildesheim) は，ハンブルグの 150 km ほど南に位置する大都会ハノーヴァの南約 30 km ほどにある静かな古都である．ここに是非訪れたい感慨深い二つの古い教会堂がある．前述の聖ミカエル教会堂 (*St-Michaelis-Kirche*) と大聖堂 (*Dom*) である．特に大聖堂の回廊 (*Kreuzgang*) は華麗なラテン系の回廊にも劣らず，ドイツ哲学を想起させる思索的な何かが漂っている．

その後，ハノーヴァ (Hannover) で宿泊したい．この大都会は，大学，国際見本市，英国風庭園 (*Herrenhaeuser Garten*) 等で知られるが，教会堂としては旧市街に佇む教会堂 (*Marktkirche*) が有名で，ドイツの童話にでも登場しそうな，いかにもドイツという古い教会堂である．

第 4 日：ハノーヴァ，エッセン，ケルンへ

ハノーヴァーから西へ約 70 km のミンデン (Minden)，さらに約 100 km のミュンスター (Münster) はいずれも小さな田舎町ではあるが，それぞれ有

エッセン大聖堂

名な大聖堂（*Dom*）がある．街名のミュンスターはドム同様，大聖堂を意味する．

　エッセン（Essen）はミュンスターから 86 km 程南下した都市であるが，ここに素晴らしい大聖堂（*Münster*）がある．構えも，内陣も，宝物もトップレベルのカトリックのそれに見劣りしないほど優れている．

　さらに 90 km ほど南下すると，有名な宗教都市ケルン（Köln）に至る．中世においては，ケルン大司教の門前町として栄えた長い歴史があり，教会堂も多い．ライン川沿いの中央駅前に聳える大聖堂（*Dom*）は，中世時のゴシックとして計画されたが，完成は 19 世紀であり，古いとはいえないが，規模はドイツは無論，西欧でも最大級であろう．この回りに有名な博物館がある．その他の見るべき教会堂としては，*St. Maria im Kapitol, St Aposteln, St. Severin, St.Kolumba* 等少なくない．

　第 5 日：ケルン，アーヘン，マインツ

　ケルンから西へ 70 km 程走ると，アーヘン（Aachen）に至る．アーヘンはドイツ領ではあるが，オランダ，ベルギーに近い．歴史上の偉人，フランク王国のシャルルマーニュ大帝の城下町であった．カロリンガ朝の大聖堂（*Dom*），特にパラチネ礼拝堂は八角形の礼拝堂で，現存のカロリンガ朝を代

表する建築物である．ドイツ地域で最古の教会堂であるが，回廊も備わり建設者の並外れな想像力を肌で感じる．宝物を陳列した付属博物館も一見の価値があろう．

アーヘンから90 kmほどで，旧西ドイツの首府ボン（Bonn），さらに55 kmほど南下すると美しい修道院マリア・ラーハ（*Maria Laach*）に至る．湖の畔に建つ教会堂は，ドイツ・ロマネスクの傑作と高い評価を得ている．田舎ではあるが，アウトバーンから標識に従えば容易に到着できる．

マリア・ラーハ修道院付属教会堂

マリア・ラーハから東へ約80 kmで中世の街，リンブルグ（Limburg）へ着く．ここに聳える大聖堂（*Dom*）は，その外観といい，まさに中世ドイツを代表する一つであろう．取り巻く旧市街も中世がそのまま保存されたかのようで，タイムトンネルをくぐり抜けたような錯覚を覚える．

約70 km程南下するとマインツ大司教の門前町マインツ（Mainz）に至る．ここの旧市街の大聖堂（*Dom*）は規模も大きく，回廊も優雅で，さすが中世における神聖ローマ皇帝を選ぶ7選定候の一人であったマインツ大司教の教会堂だけのことはある．すぐ近くに印刷機を発明したグーテンベルグの博物館がある．

時間が許せば，リンブルグの北東約80 kmのマールブルグ（Marburg）とフランクフルト（Frankfurt）を回ってみたい．前者には，端正な双塔をもち，優雅にして気品がある聖エリザベート教会堂（*Elisabethkirche*）が，後者には

マインツ大聖堂

大聖堂（Dom）がある．

第6日：マインツ，ヴォルムス，シュパイヤー，フライブルグへ

マインツからライン川を約45 km遡るとヴォルムス（Worms），さらに40 kmほどでシュパイヤー（Speyer）に至る．

ヴォルムスはシュパイヤー，マインツと並びライン中流沿いの古都で，ロマネスクの立派な大聖堂（Dom）が有名である．ラテン的な大小5個の円塔を持ち，独特の美しさがある．宗教改革時のルターが，神聖ローマ皇帝カール五世によって喚問されたのがこのヴォルムスにおける帝国議会であった．最終的にルターは改革に成功し，ハブスブルグ家最大の皇帝カール五世は子息のフェリッペ二世に後をゆずり，スペインのグレドス山懐の人里離れたユステ修道院で静かな最後をみる．

シュパイヤーの旧い大聖堂（Dom）は，四角で端正な大双塔を中心に5個の

4：ドイツとロマンティシュ・シュトラーゼの旅

ヴォルムス大聖堂

塔を持ち，屋根は薄緑，壁は薄茶で，色彩的にもセンス溢れるもので，旧さを感じさせない不思議なものだ．地下の納骨堂（*Krypta*）はヨーロッパでも群を抜く存在との評価である．

なお時間が許せば，教会堂ではないが，古都ハイデルベルグへの寄り道もお勧めしたい．

シュパイヤーから南東に約65 km走るとマールブロン（Maulbronn）に到着する．規模の大きなシトー会の修道院が現存する．回廊も，付属教会堂も素晴らしいの一語である．周囲の村も中世らしさがよく保存されている．万難を排しても訪ねたい．

約2時間弱のドライブでこの日の宿であるフライブルグへ．古都フライブルグ（Freiburg）は，大学と大聖堂（*Münster*）が有名である．この旧い大学に，前世紀ナチとの関わりを云々された大哲学者ハイデッカーが居たことは周知である．大聖堂は後期ロマネスクとゴシックをミックスした建築物で，その単塔は頑丈なイメージ，身廊も荘厳，いかにも実直なドイツという感じである．

☕ **コーヒーブレイク：ニーベルンゲンの歌**

中世ドイツ文学の黄金期は12世紀末から始まる，といわれる．そのうち13世紀初頭に書かれた，南ドイツのヴォルムスを舞台とした英雄叙事詩「ニーベルンゲンの歌」

が名高い．ジークフリートという不死身な英雄を中心に展開する一部伝説的な素材に基づく物語で，ヴィヴィッドな人間描写で，聴く（読む）人を魅了して止まぬ文学作品である．また，この歴史上の名作は，ワーグナーによって，歌劇として更に知名度を広めた．

ワーグナーはブラームスと対比されドイツ後期ロマン派音楽の巨頭と云われたのは周知．バイロイトに祝祭歌劇場までこしらえ究極の歌劇を目指した彼が選んだこけら落しの作品が「ニーベルンゲンの指輪」で，このドイツ中世文学の最高作品を歌劇化したもの．リスト，ワーグナー対シューマン，ブラームス，またリストの娘でワーグナーの妻であるコージマ，更にシューマンの妻クララの紅一点を加えたコンビネーションの対比は多くの音楽愛好家にとって尽きぬ話題を提供している．なお，ヒットラーがワーグナーの音楽をナチスドイツのある意味におけるシンボルとして活用したことは有名な史実である．哲学者ハイデッカーを利用したことといい，ヒットラーのパーソナリティーには興味をそそるものがある．

第7日：フライブルグ，コンスタンツ，ウルムへ

フライブルグから黒い森を経由し，ボーデン湖のほとりのコンスタンツ（Konstanz）へ出る．スイス領に囲まれたドイツである．ここに規模の大きな大聖堂（*Münster Unserer Lieben Frau*）がある．塔，回廊（*Kreuzgang*）その他もかつての雄大さを証明している．もっとも，回廊は半分しか残っていない．この大聖堂の歴史は古い．6世紀末まで遡るという．しかし，古さよりも，ここで開催のローマ法皇の公会議で，宗教改革の先駆者であるフスが異端のかどで火炙りの処刑を受けたことである．15世紀前半のことである．しかし，フスの記念碑等は見られない．フスの住んでいたボヘミヤの地に見られるフスへの敬意の欠片もないようだ．プラハに行くと，街の中心の広場には，フスの偉大な銅像が聳えており，今も市民に敬われている．コンスタンツの湖畔で，プラハのフス像を瞼に描き，何時も世に恵まれない先駆者に，せめて天国での冥福を祈るのであった．

ボーデン湖の北側に出て，ヴァインガルテン（Weingarten：*Basilika*），ツヴィーファルテン（Zwiefalten：*Klosterkirche*）とドイツ・バロックの豪華な教会堂を訪ねたい．ドイツ南部からオーストリアにかけては，バロックの煌びやかな教会堂が集中しているようだ．ツヴィーファルテンから東に約50 km程で，ウルム（Ulm）に到着する．

ここにそびえ立つ大聖堂（*Münster*）はゴシック建築で，その塔の高さは

ヴァインガルテン教会堂　　　ツヴィーファルテン修道院

ウルム大聖堂

162 m もあり，ヨーロッパでは最高，力強く優雅である．物理学者のアインシュタインが生まれた街としても知られている．

第8日：ウルム，オットーボイレン，ミュンヘンへ

ウルムからはオットーボイレン（Ottobeuren）へ向かう．ウルムの南66km程の所にある田舎の村であるが，ここの修道院教会堂（Klosterkirche）は，ドイツ・バロックの最高傑作と最も高い評価を得ている．

次いで，フュッセン（Füssen）からビュルツブルグ（Wuerzburg）までのロマンス街道（Romantische Strasse）へ車を進めたい．これは中世におけるドイツ＝イタリアの街道であるが，沿道の多くの美しい町や村が中世のままに保存され，この街道を辿ることによってロマンティシュな幻想に浸れる．

フュッセンからアウグスブルグへのロマンス街道を走るが，まず，ヴィース（Wies）の教会堂へ立ち寄りたい．キリストの絵から涙が流れ出る，という奇跡的な教会堂である．

その後，ロマンス街道を離れ，一路ミュンヘンに向かいその日の宿泊地としたい．

ミュンヘン（Munchen）はバイエルン地方の中心都市であり，見るべきものは多い．ドイツ美術館（Deutsches Museum），ナチスが結成式を挙行した巨大なビアホール（Hofbraeuhaus）等々．教会堂としてはゴシックの聖母教会堂（Frauenkirche）とバロックのアザム教会堂（Asamkirche）は印象的である．前者はベージュ色の煉瓦でできた高い双塔がドイツらしい雰囲気を醸し出している．

第9日：ミュンヘン，アウグスブルグ，ローテンブルグへ

アウグスブルグ（Augsburg）はミュンヘンの北西約70km，フッガー家の城下町であった古都である．古くて格調高い旧市街に12世紀に作られた古いステンドグラスをもつ大聖堂（Dom）と旧教と新教とが同居する聖ウルリッヒ・アフラ教会堂（St Ulrich und St. Afra Kirche）がある．

アウグスブルグからはロマンス街道を走り，ネルドリンゲン（Nördlingen：St Georg Kirche），ディンケルスビュール（Dinkelsbuehl：St‐Georg Kirche），ローテンブルグと順を追って訪ねることにしたい．いずれも城壁に囲まれた中世の街であり，街の真ん中に古い教会堂が静かに佇んでいる．

この日の宿泊地ローテンブルグ（Rothenburg）はひときわ保存の良い立派な城壁に囲まれており，小高い壁に登り，その内側の通路を歩くこともでき，そこからの眺めもまた素晴らしい．旧市街の中心に市庁舎や教会堂（St‐Jacob Kirche）が中世そのままのように佇んでいる．

アウグスブルグ大聖堂

第10日：ローテンブルグ，ビュルツブルグ，バムベルグ

　ローテンブルグからタウベル（Tauber）川に沿って30 kmほど西へ走ると，バド・メルゲントハイム（Bad Mergentheim）に至る．この美しい街には，中世の十字軍として活躍した三大騎士修道会の一つである「ドイツ騎士団」の城館や博物（資料）館がある．

　さらに40 km強北上するとビュルツブルグ（Würzburg）に到着する．有名なマリエンベルグやレジデンツ他見るべきものは多い．大聖堂（*Dom*），教会堂（*St-Alfons Kirche*）も見逃せない．

　バムベルグ（Bamberg）は，ビュルツブルグから東へ約100 km程のところにある山間の起伏に富んだ美しい街である．美しい教会堂や修道院が目に入ってくる．特に，大聖堂（*Dom*）は有名で，内陣に飾られている馬にまたがった騎士像（*Bamberger Reiter*）は，その併設博物館とともに一見の価値がある．

第11日：バムベルグ，ニュールンベルグ，エアフルトへ

　バムベルグから約60 kmほど南下するとニュールンベルグ（Nürnberg）である．さらに100 kmほど東南に走るとレーゲンスブルグ（Regensburg）で

レーゲンスブルグ大聖堂

ある．
　ニュールンベルグは美しい古都であり，旧市街を流れる川を挟んで，優雅な二つの教会堂（*St Lorenz Kirche, St Sebaldus Kirche*）が聳えている．
　レーゲンスブルグは小さな街であり中世の感じが残る旧市街に凛々しく大聖堂（*Dom*）が聳えている．その他の古い教会堂（*St Emmeram, St Jacobs-Kirche*）も訪ねたい．
　レーゲンスブルグからは一路北上し，本日の宿泊地エアフルトを目指す．エアフルト（Erfurt）は，地中海とバルト海とを結ぶ通商路に開けた古都で，多くの古い教会堂がある．14世紀には大学も開設され，マルチン・ルターが学んだ街でもある．特筆すべき教会堂として，大聖堂（*Dom*）と聖セベリ教会堂（*St.Severi-Kirche*）があげられる．二つの教会堂は街の中心の広場に連なる小高い丘の上に並んでそびえ立っている．規模も大きく，上品で優雅な教会堂である．ステンドグラスや内装も奥ゆかしい．

　第12日：エアフルト，ライプツィッヒ，ドレスデン，ベルリン
　エアフルトからライプツィッヒ，ドレスデンを回り，ベルリンへ戻るとする．これらは旧東ドイツに属するため高速道の整備も劣り，西ドイツのアウ

トバーン程早く走れない．しかし，いずれの都市も歴史的な重みに満ちており，訪ねる価値は大きい．

ライプチヒ（Leipzig）はエアフルトから約130km程に位置するが，バッハ，ゲーテ，シラー等々の活躍で有名な文化的な古都で，カール・マルクス大学も有名である．ここでは，むしろ古い教会堂よりも，バッハが18世紀に活躍したトーマス教会（*Thomaskirche*）を挙げるべきであろう．ゴシックの教会堂であり，その横庭にバッハの銅像があり，今でも教会付属の少年合唱隊がバッハの作品を演奏する．

ドレスデン（Dresden）はライプチヒから東南約110km，エルベ川畔に位置する．この街は，中世においては，神聖ローマ皇帝を選挙する七人の選帝候の一人であるザクセン候の城下町として，またザクセン・ポーランド王国の首都として文化的にも高い水準にあり，バロック式の宮殿等々奥ゆかしい建築物が自慢であったが，第二次世界大戦で英国軍の徹底的な爆撃で火の海と化し，聖母教会等未修復の文化財が多い．現存の教会堂としては宮殿の北側にあるバロックの大聖堂（*Hofkirche*）と市庁舎の隣の古い十字架教会堂（*Kreuzkirche*）が挙げられる．ドイツ軍が英国のコヴェントリーを爆撃し，徹底的に焼き尽くしたことに対する返礼といわれるが，ドイツでは最も文化的なバロックの都の古き時代の教会堂が破壊し尽くされたのは，何とも残念なことである．

4：ドイツとロマンティシュ・シュトラーゼの旅

資料-4 本章で訪ねた地名（教会堂）の略図

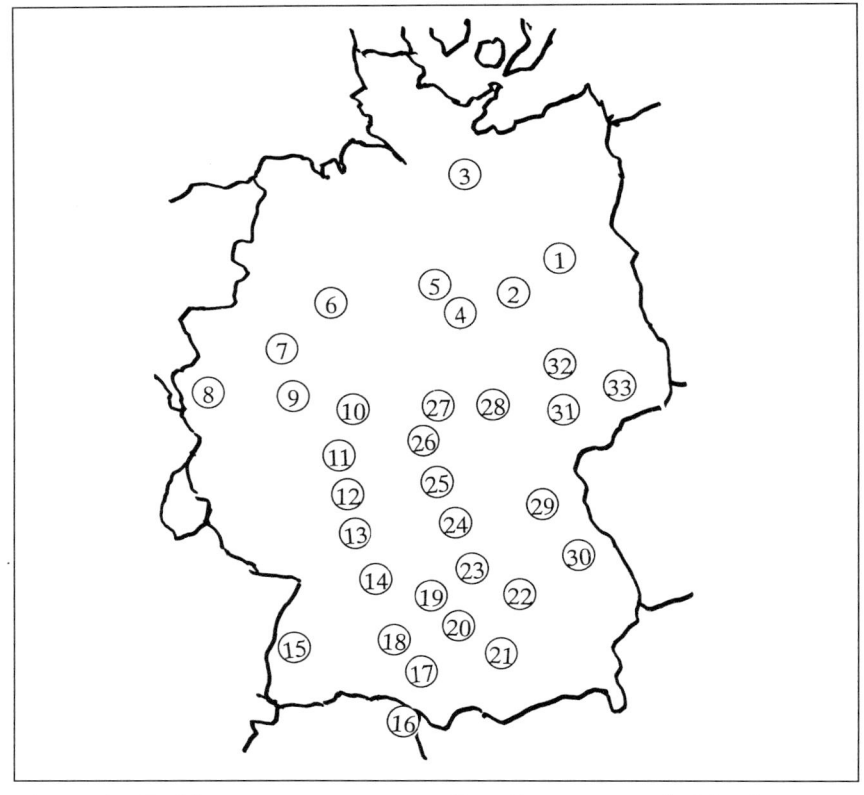

1：ベルリン（Berlin）
2：マグデブルグ（Magdeburg）
3：ハンブルグ（Hamburg）
4：ヒルデスハイム（Hildesheim）
5：ハノーヴァ（Hannover）
6：エッセン（Essen）
7：ケルン（Köln）
8：アーヘン（Aachen）
9：マリア・ラーハ（Maria Laach）
10：リンブルグ（Limburg）
11：マインツ（Mainz）
12：ヴォルムス（Worms）
13：シュパイヤー（Speyer）
14：マールブロン（Maulbronn）
15：フライブルグ（Freiburg）
16：コンスタンツ（Konstanz）
17：ヴァインガルテン（Weingarten）
18：ツヴィーファルテン（Zwiefalten）
19：ウルム（Ulm）
20：オットーボイレン（Ottobeuren）
21：ヴィース（Wies）
22：ミュンヘン（Munchen）
23：アウグスブルグ（Augsburg）
24：ネルドリンゲン（Nördlingen）
25：ディンケルスビュール（Dinkelsbuehl）
26：ローテンブルグ（Rothenburg）
27：ビュルツブルグ（Wurzburg）
28：バムベルグ（Bamberg）
29：ニュールンベルグ（Nurnberg）
30：レーゲンスブルグ（Regensburg）
31：エアハルト（Erfurt）
32：ライプチヒ（Leipzig）
33：ドレスデン（Dresden）

5：英国の旅

ポイント

大英帝国として世界に君臨したアングロサクソンが，英国教会により，大陸とは一味異なるキリスト教文化を育んだ．それらの教会堂を巡礼する．

訪問地

ロンドン，カンタベリー，チチェスター，ウィンチェスター，ソールズベリー，ウェルズ，グラストンブリー，エクスター，ブリストル，バース，グロースター，チューケスブリー，ヘアフォルド，ウースター，コヴェントリー，リッチフィールド，チェスター，リヴァプール，ケズウィック，グラスゴー，エディンバラ，メルローズ，ドライバラ，ジェドバラ，ダーラム，リヴォー，ファウンテインズ，ヨーク，リンカーン，ピータボロウ，ノーウィッチ，ケンブリッジ，セントオーバンス，オクスフォード，ブレイ・オン・テームズ，ウィンザー，ヒースロ空港

第1日：ロンドン，カンタベリー，ウィンチェスターへ

ロンドン（London）は，ヨーロッパで最高の文化都市である．古い教会堂としては，ウェストミンスター・アベイ（*Westminster Abbey*）の教会堂並びにセント・ポール大聖堂（*St Paul's Cathedral*）が名実ともに最高の評価を得て

ロンドン・セント・ポール大聖堂

いる.

　前者はノルマンスタイルにゴシックが加わり古さがにじみでていたが, 最近外壁を白く塗り替えこぎれいになった. しかし, 内部は依然として古く, 英国の代表的な王侯・貴族や文化人の墓石等が所狭しと並べられている. 回廊もそれなりに存在を誇っている. 後者に関しては, 7世紀に起源をもつ古い教会堂は大火で消失し, ビザンチン・スタイルとでも云うか, 巨大な円蓋の屋根を持った現在の大聖堂は, 17世紀中葉に基石が置かれたもので, 規模ではヨーロッパ屈指の大きさといわれる. 内陣, 祭壇も豪華である.

　ロンドンから南東へ60 km程, ドーバ海峡に近い古都がカンタベリー (Canterbury) である. ここは英国教会 (アングリカン) の総本山である. まず, ここから教会堂巡りのスタートをきる.

カンタベリー大聖堂

　ドーバに近い古都で, 街を取り囲む城壁はローマ時代の建造物と云われる. ゴシックの大聖堂 (*Cathedral*) は古いだけでなく, 規模も大きく格式が高い. 重厚な四角柱の大きな塔と中規模の双塔をもったベージュ色の外観は端正で優雅である. また回廊もラテン系の教会堂に劣らず美しく奥ゆかしい. ノルマン様式の地下のクリプト (納骨堂) の柱頭の彫刻にも見るべきものが多い. ステンドグラスも優雅である. 教会堂の周囲の町並みは中世そのままの感じを維持しているようだ.

　カンタベリーから南下して海岸沿いに約100 kmほど西へ走ると, チチェスター (Chichester) に着く. イングランドの南岸にある古い町で, ブライトンとポーツマスの間に位置する. この12世紀末に着工した古い教会堂 (*Ca-*

ウィンチェスター大聖堂

*thedra*l）は，ソールズベリーのようなスラリと天を突く円錐形の塔を持ち，優雅な外見である．

チチェスターから北西に約 35 km に古都ウィンチェスター（*Winchester*）がある．この街は落ちついた，ある種の気品を感じさせる古都である．

ここの大聖堂（*Cathedral*）は，11 世紀から 14 世紀に建設され，いかにもノルマン風な，ガッシリした重厚な姿で，訪れる者を圧倒する．内陣も英国風で質実且つ荘厳，祭壇の彫刻も豪華で美しい．なお，北袖廊にある聖墳墓チャペルの壁画も素晴らしい．大聖堂を取り巻く一帯も中世そのままの感じである．およそ半日の田舎のドライブで，英国に昔から住んでいるような錯覚に陥る．何れの教会堂も奥ゆかしくどっしりとして居り，見応えがある．

☕ **コーヒーブレイク：英国教会**

英国は近世に於いては，7 つの海を支配し，世界の果てまで植民地を持ち，ロンドンは世界の中心的な都市として長らく政治・経済のメッカであった．しかし，中世のキリスト教に関しては，ローマ，フランス等の影響下に発展する．

中世に於けるキリスト教の中興の祖は，グレゴリウス（一世）教皇（AD 590 年）といわれるが，アウグスチーヌスをカンタベリーに派遣し，アングロ・サクソンのキリスト教化を，またアイルランド，スコットランドに修道士の派遣や修道院の建設をすすめ，これらの地域に住むスコットランド人やケルト人の教化を，それぞれ推進した．

したがって，イングランド，アイルランド，スコットランドには，フランスのロマネスク様式の教会堂よりも古い修道院の廃虚が散見される．

11 世紀中葉にローマ・カソリックとギリシャ正教会に分裂するが，西欧の奥ゆか

しいロマネスク以降の教会堂は，ローマン・カソリックの影響を受け，従って，イタリア，フランスの影響を受けたものが多い．ある意味では相互に影響しあっていたともいえそうである．

その後，16世紀初頭にローマン・カソリックから宗教改革でプロテスタントが分裂するが，イングランドでは，少し遅れて，ヘンリー8世によりアングリカン（英国教会）が誕生し今日に到っている．

第2日：ウィンチェスター，ソールズベリー，グラストンブリーへ

ウィンチェスターから20 km程北西に走ると，古都ソールズベリー（Salisbury）に至る．ロンドンから西南西へ135 km，列車ではウオータールー駅から1時間半ほどにある古都である．巨石の遺跡で有名なストーンヘンジに近い．この街にはスラリと高く聳える円錐形の優雅な単塔を持つ教会堂（*Cathedral*）がある．

この教会堂は13世紀に建設されたが，建築美術的には英国を代表するもので，類似なものに，ノーウィッチやチチェスターがある．ステンドグラスも美しく，祭壇，回廊も立派であり，総合的にみて英国の代表的な大聖堂との評価に偽りはないようだ．

ウェルズ（Wells）はさらに50 kmほど西に位置する小さな町であるが，ここの大聖堂（*Cathedral*）は英国屈指の豪華な造りである．12世紀後半に着手し3世紀余りをかけて完成した初期英国調の最初のものである．大中3個

ソールズベリー大聖堂

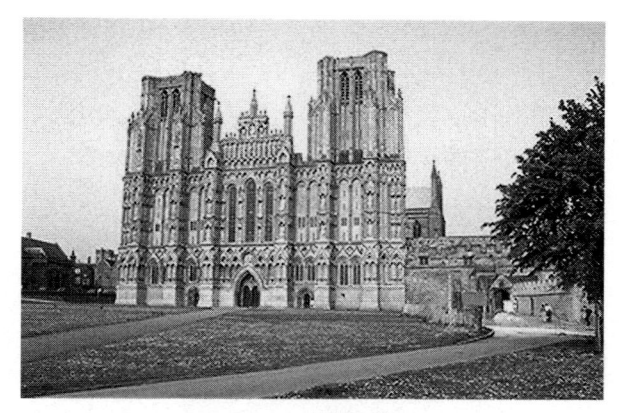

ウェルズ大聖堂

の重厚な四角柱を持つ外観はカンタベリーに似て重厚である．身廊の天井の模様，内陣等も端正・優雅で，いかにも知性を重んじる英国調の豪華な教会堂である．大きな回廊も美しく印象的である．

さらに 6 km ほど南西に英国を代表する修道院の廃墟で有名な町グラストンブリーがある．グラストンブリー（Glastonbury）には，壮大な敷地にかっての古い修道院の廃虚が佇んでいる．英国の修道院は，何故か，廃虚に素晴らしいものが散見する．

第 3 日：グラストンブリー，エクスター，バースへ

グラストンブリーから西へ 17 km ほど走り，M 5 に乗り 50 km 弱で古都エクスター（Exeter）である．南西イングランドのプリマスに近い長閑な古い町である．ここに 13 世紀に建設の古色蒼然として美しい大聖堂（*Cathedral*）がある．ノルマン風の翼廊の古風な四角柱の塔をもつ教会堂は，正面入り口の優雅で多彩な彫刻，華麗な内陣，美しいステンドグラスをもち評価が高い．

M 5 を戻ると古都ブリストル（Bristol）である．古い教会堂（*St. Mary Redcliffe*）がある．ブリストルから田舎道を 15 km ほど走るとローマ時代からの古都バース（Bath）に到る．修道院（*Bath Abbey*）がある．

第 4 日：バース，グロースター，ウースターへ

バースから再び M 5 に向かい，高速自動車道を 35 km ほど走ると，奥ゆか

グロースター大聖堂

しい古都グロースター（Gloucester）で，ここに優雅な大聖堂（*Cathedral*）が見られる．大聖堂は12世紀から14世紀の建造である．

　現在の主要外観は，ノルマンのベネディクト派大修道院長セルロ（Serlo）と後継者の創造によるといわれ，端正・重厚である．クリプト，身廊の柱が重重しく，内陣やステンドグラスも素晴らしい．特に大回廊の天井は優雅で，英国を代表するものと高い評価を得ている．

　M5で北に10kmほどで，古い修道院が残る小さな町チューケスブリー（Tewkesbury）に着く．ここから西北西へ39km弱のところに，やはり大聖堂（*Cathedral*）で有名な古都ヘアフォルド（Hereford）がある．その名はあまり耳にしない小都市である．ウースターとグロースターの西方で，それぞれが正三角形の頂点の位置にある．7世紀末に大主教座（英国教会，ギリシャ正教では大主教を用いる）が置かれてから門前町として栄え，現在は豊かな農業地帯を背景に栄えている地方都市である．ここには，赤い砂岩の大聖堂が現存するが，主に12世紀に建てられたもので荘厳である．多くの宝物の中で，エルサレムを中心として13世紀に描かれた世界地図（*Mappa Mundi*）が有名である．

　25km程東に向かうと，古都ウースター（Worcester）である．ここには，11世紀のクリプトの上に14世紀に建てられた豪華な大聖堂（*Cathedral*）が現存している．大きな四角柱の単塔をもつ堂々たる外観で，内陣，祭壇，ステンドグラス，さらに回廊も重厚で優雅であり，英国で指折りの大聖堂である．特に聖歌隊席にあるジョーン王の墓石や身廊の墓石にも見るべきものが

ある．

　なお，ウースタ，グロースター，ヘアフォルドの3大聖堂の聖歌隊の協同によるコンサートは世界的に有名である．

　ウースターから東へ40 km弱に，古都コヴェントリーがある．

第5日：ウースター，コヴェントリー，チェスターへ

　コヴェントリー（Coventry）はバーミンガムの近くで，ロンドンから100 km程の古都である．ここには，13世紀末に建てられた名高い大聖堂（*St. Michael's Cathedral*）があった．ソールズベリーや，ノーウィッチに匹敵する素晴らしい教会堂であったという．しかし，第二次世界大戦の際，ドイツ空軍により徹底的に破壊され，内陣や祭壇等は焼失し，建物の一部の骨組みが残っている廃虚に過ぎない．しかし，旧大聖堂に隣り合わせで戦後に建てられた新しい大聖堂（*Cathedral*）は，伝統と現代的センスの融合した新しい教会堂として，評価が極めて高い．内陣の祭壇もモダーンである．

　北に約30 km，バーミンガムの北の郊外にある小さな町リッチフィールド（Lichfield）には古さがにじみ出た大聖堂（*Cathedral*）が聳えている．12世紀末から14世紀にかけて建てられたノルマン大聖堂で，3個の円錐柱がす

リッチフィールド大聖堂

らりと聳える赤褐色の外観は優雅である．正面は多くの彫刻で飾られているが，年代を感じさせるように黒ずんでいる．身廊，内陣，祭壇ともに荘厳である．この教会堂で催されるオーケストラによるコンサートは有名である．

　北西に 68 km 程に古都チェスター（Chester）がある．バーミンガムの北方約 90 km に位置し，ローマ時代に起源を持つ古都である．ここの町並みは，今日に至るまで中世のままに保存されており，訪ねる人は多い．この英国を代表する中世風の街に，赤い砂岩の大聖堂（*Cathedral*）と 12 世紀に建造の聖ジョーン教会堂（*St.John's Church*）が見られる．大聖堂は 13 世紀末から 16 世紀にかけて建設され，外観は長い歴史で黒ずんでいるが，内陣は重厚・優雅である．

　第 6 日 : チェスター，リヴァプール，ケズウィックへ
　チェスターから北に 20 km 弱で古くて大きな港町リヴァプール（Liverpool）に着く．古い海底トンネルを潜り町に入ると，大きな二つの大聖堂が目に付く．古い教会堂ではなく，何れも前世紀に建造の有名な大聖堂である．一つはアングリカン大聖堂（*Liverpool Cathedral*）で，伝統的なゴシックの外観で，英国教会の教会堂である．規模はアングリカンの内で世界一といわれる．もう一つはローマ・カソリック大聖堂（*Metropolitan Cathedral of Christ and King*）で，1967 年に完成した．ここはビートルズに縁の町であるが，時間が許せばもう一つの町マンチェスターに足をむけたい．古い大聖堂が見られる．この日は，英国が誇る風光明媚な湖水地方を楽しみ湖畔（Keswick）に宿泊したい．

　第 7 日 : ケズイック，グラスゴー，エディンバラへ
　M 6 / M 74 を 130 km ほど北上するとスコットランドの大都市グラスゴーへ到る．グラスゴー（Glasgow）はエジンバラとともにスコットランドを代表する大都会である．古い町並みには，今にも崩れそうな建築物が多く，木材で支えている異様な風景に遭遇する．この街の中心地にゴシックの大聖堂（*Cathedral*）がある．13 世紀から 15 世紀にかけて建設された教会堂で，スコットランド第一級といわれる．ここから東へ 50 km 弱でエディンバラに到るが，北東に 30 km ほどのスターリング（Stirling）に寄り道しスコットランドを散策してみたい．

　エディンバラ（Edinburgh）は長らくスコットランドの政治・文化の中心地

であり，ロンドンのライバル的存在でもあった古都である．起伏に富んだ立体的な感じのする街で，丘の上に聳える城はつとに有名である．ここには，聖ジル大聖堂（*St.Gilles' Cathedral*）がある．現存の教会堂は 14 世紀からの建設で，外観としては尖塔が有名である．

第 8 日：エディンバラ，メルローズ，ダーラムへ

エディンバラから 30 km 強南下すると，メルローズ（Melrose）修道院に到る．それぞれ 10 km 程度の距離に散在するドライバラ（Dryburgh）修道院，ジェドバラ（Jedburgh）修道院を含めこれらの三つの修道院はスコットランド南部の歴史的な修道院として有名である．

さらに南へ 80 km 程走ると北イングランドの古都ダーラム（Durham）に着く．ロンドンの北約 270 km に位置し，イングランドの北方，スコットランドとの境界に近い．ここに，11 世紀末から 12 世紀前半にかけて建てられたノルマン方式の代表的な大聖堂（*Cathedral*）が現存する．小高い丘の上に聳える大聖堂は，カンタベリーのように大きな四角柱と 2 個の中規模な四角柱の豪華な外観を持ち，厳粛で荘厳，形容しがたい威容を示している．内陣も劣らず素晴らしい．身廊も，9 個の祭壇からなる礼拝堂も，美術的にも極めて高い評価を受けている．回廊も充実している．この大聖堂は荘厳かつ雄大でノルマン式の代表格として，英国が誇るものである．大聖堂を取り巻く中世の一角も素晴らしい．

ダーラム大聖堂

第 9 日：ダーラム，ファウンテインズ，リンカーンへ

ダーラムから南へ 70 km ほどの所に，古都ヨーク（York）がある．北部イングランドの中心的な古都である．ここに，端正な大聖堂（*York Minster*）がある．外観はダーラムの大聖堂に似ている．

ヨーク・ミンスター

13 世紀末に着工されたゴシックの教会堂は，身廊の長さ 160 m，翼廊 76 m，床からヴォールトまで 27 m，四角柱の双塔の高さ 60 m 等々で，アルプス以北で最も大きいゴシックの教会堂といわれる．ステンドグラスも美しい．八角形のチャプター・ハウスやクリプトも評価が高い．

ヨークの北約 30 km に廃墟のリヴォー（*Rievaulx*）修道院が優雅な残骸を残し，また西 30 km 程の所に修復された広大な敷地をもつファウンテインズ修道院（*Fountains Abbey*）があり，是非訪ねたい．ヨークから北西に約 20 km，ファウンテインズ修道院の近くにリポン（Ripon）がある．この大聖堂（*Cathedral*）は，ダーラムのミニサイズのようで，12 世紀から 15 世紀にかけて建てられたもので，特に身廊地下のサクソン納骨堂が有名である．ヨークから 80 km 程で，古都リンカーンに着く．

第 10 日：リンカーン，ケンブリッジへ

リンカーン（Lincoln）はロンドンから 140 km の古都である．小高い丘の上に旧市街があり，その一角に 12 世紀から 14 世紀にかけて建設された褐色の大聖堂（*Cathedral*）がある．外観も内陣もステンドグラスも豪華な教会堂

で，美しく規模の大きな回廊も設けられている．特に，正面入り口の壁に並ぶ聖者の彫像は圧巻である．

　リンカーンから南に50 km強に古都ピータボロウ（Peterborough）がある．現存の大聖堂（*Cathedral*）は，以前のが火災で消失後，12～13世紀にかけて建築された．正面の屋根はイタリアのオルビエードの大聖堂のように優雅である．立派な身廊，天井に描かれた絵等見るべき価値が大きい美術品が少なくない．

ピータボロウ大聖堂

　東へ77 kmのノーウィッチ（Norwich）は殆ど北海に近い優雅な古都である．ここに11世紀末に着工した優雅な教会堂がある．外観はソールズベリーやチチェスターのような円錐形の単塔をもち優雅である．ソールズベリーの茶褐色，チチェスターの鼠色と異なり，ベージュ色で何となく品がある．アプス，回廊ともに奥ゆかしく，魅力的な教会堂である．

　西に60 km戻ると，独特の建築様式で有名な大聖堂（*Cathedral*）があるイーリー（Ely）に着く．八角柱の単塔を持った珍しい大聖堂で，現存のものは，11世紀末に着工，13世紀末に増設，16世紀に完成した．特にノルマン様式の身廊が有名である．

　イーリーから南西に16 km走ると学術都市ケンブリッジ（Cambridge）に到る．英国最古の大学の街である．中心にマーケット広場があり，その回りに古い教会堂が幾つかある．なかでもケンブリッジ大学を構成するキング

ズ・カレッジ，クイーンズ・カレッジ，トリニティ・カレッジ等や15世紀中葉に建設されたキングズ・カレッジのチャペルが有名である．

ノーウィッチ大聖堂

イーリー大聖堂

第11日：ケンブリッジ，オクスフォード，ブレイ・オン・テームズへ

ケンブリッジから西へ100 kmほどにもう一つの学術都市オクスフォード（Oxford）がある．オクスフォードのマートン学寮が創設されたのは1264年で，イタリアのボローニャ大学，フランスのパリ大学，スペインのサラマンカ大学等とともにヨーロッパ最古の大学の街である．多くのカレッジがあり，教会堂も数多い．その一つにキリスト・チャーチというカレッジがあり，その大聖堂（*Christ Church Cathedral*）は英国で最も小さいものといわれる．

時間が許せば二つに学術都市のほぼ中間に位置するセント・オーバンス（St-Albans）の修道院を訪ねたい．古い大聖堂（*Cathedral*）はノルマン・スタイルの四角柱の頑丈な単塔を持ち，重厚で重みがある．身廊は長く，祭壇の彫刻は豪華である．庭も広く散策にも適している．なお，この町はロンドンのベッドタウンでもあり，ロンドンの中心部から電車で15分程度のアクセスの良さである．

さて，オクスフォードを訪ねた後は，ロンドンの西の郊外，ブレイ・オン・テームズ（Bray on Thames）村のウオーターサイド・イン（*Waterside Inn*）へ宿泊することを是非お推めしたい．ウインザー城が望遠できるテームズ川沿いの3つ星レストランであり，事前に予約すれば宿泊もできる．このレストランは英国には珍しく，フランスのトップクラスに匹敵するグルメを味わえる．

第12日：ブレイ・オン・テームズ，ヒースロ空港へ

ブレイ・オン・テームズからはウィンザー（Windsor）は目と鼻の先である．またヒースロー国際空港のすぐ西隣（15 kmあまり）でもある．国王の居城であり，ここには聖ジョージ礼拝堂（*St.George's Chapel*）がある．それほど古くはないが，国王の宗教儀式に見合う豪華な教会堂で，ステンドグラスも美しく，聖歌隊席やクリプトも豪華である．礼拝の後，ヒースロ空港へ一走り，空港内のレンタカー会社のパーキングで車を返却し，無料バスで目的のターミナルへ向かう．

その他：

ウェールズの最西端，セント・ジョージ海峡に面した陸の孤島のような所にセント・デヴィット（St.Davids）の古い修道院と教会堂がある．聖デイヴィットが6世紀初頭に建てた教会は焼失し，現存のものは12世紀末に着工

セント・デヴィットの修道院付属教会堂

のものである．短期間の英国旅行では行けないような遠隔地であるが，機会があれば，いかにもイギリスを感じさせる半壊した教会堂を訪ねるのも感慨深い．

　アイルランドには修道院の廃墟が少なくないが，時間が許せば，ダブリン市内の二つの大聖堂（*Christ Church Cathedral, St. Patrick's Cathedral*）だけは巡礼したい．

5：英国の旅　（ 95 ）

資料-5　本章で訪ねた地名（教会堂）の略図

1：ロンドン (London)
2：カンタベリー (Canterbury)
3：チチェスター (Chichester)
4：ウィンチェスター (Winchester)
5：ソールズベリー (Salisbury)
6：グラストンブリー (Glastonbury)
7：エクスター (Exeter)
8：グロースター (Gloucester)
9：ヘアフォルド (Hereford)
10：ウースター (Worcester)
11：コヴェントリー (Coventry)
12：リッチフィールド (Lichfield)
13：チェスター (Chester)
14：リヴァプール (Liverpool)
15：グラスゴー (Glasgow)
16：エディンバラ (Edinburgh)
17：ドライバラ (Dryburgh)
18：ジェドバラ (Jedburgh)
19：ダーラム (Durham)
20：ヨーク (York)
21：ファウンテインズ修道院 (Fountains)
22：リンカーン (Lincoln)
23：ノーウィッチ (Norwich)
24：イーリー (Ely)
25：ケンブリッジ (Cambridge)
26：オクスフォード (Oxford)
27：ウィンザー (Windsor)
28：セント・デヴィット (St.Davids)
29：ダブリン (Dublin)

6：ベルギー，オランダ，ルクセンブルクの旅

ポイント

ベネルクス（Benelux）と総称するベルギー（Belgium），オランダ（Netherlands），ルクセンブルグ（Luxembourg）の近隣3カ国の教会堂を巡る．古く由緒ある教会堂の保存に関しては，カトリック国のベルギーが抜きんでている．オランダが宗教改革の影響を強く受けたためかあまり見るべき物が少ないのと対照的である．ルクセンブルグは箱庭のように小さい国，いずれも美しく洗練された国であり，訪ねる価値は大きい．

訪問地

アムステルダム，ユトレヒト，デン・ボッシ，マーストリヒト，リール，アントワープ，ゲント，ブリュージュ，オステンド，コルトレイク，トウルネイ，モンス，ニーヴェルス，ナミュール，サン・ウベール，ルクセンブルグ，エヒテルナッハ，トリア，リエージ，トンゲルン，ハッセルト，マッヘルン，ルーヴァン，ハレ，ブラッセル

第1日：アムステルダム，ユトレヒト，マーストリヒトへ

新教のアムステルダム（Amsterdam）には，荘厳なカトリックの教会堂は見られない．強いてあげればダム広場に面した新教会（*Nieuwekerk*）と旧市街の西に位置する西教会（*Westerkerk*）であろう．むしろ国立美術館（*Rijksmuseum Amsterdam*）やゴッホ美術館（*Rijksmuseum Vincent van Gogh*）を鑑賞したり，アムステルダム市街を散歩したり，ボートによる運河の観光の方が価値があろう．

レンタカーの借り出しをスキポール国際空港にしよう．高速自動車道を45 kmほど走るとオランダ中部の都市ユトレヒト（Utrecht）に着く．大聖堂の鐘楼（*Tour de la Cathedrale*）が高く聳えている．しかし，大聖堂の内陣は新教のため寂しい．36 kmほど南西のハウダ（Gouda）はゴーダ・チーズで知られる小さな町であるが，美しいステンドグラスを持つ教会堂（*Eglise St-Jean*）がある．

ユトレヒトから更に50 km程南下すると古都デン・ボッシ（Den Bosch：'s-Hertogenbosch）である．この古くて小さな町に実にすばらしい大聖堂（*Cathedrale St-Jean*）がある．

更に高速道を130 km南下すると，ドイツ，ベルギーの国境に接する古都

6：ベルギー，オランダ，ルクセンブルクの旅　（ 97 ）

オランダ・デン・ボッシの大聖堂

オランダ・マーストリヒト・聖セルヴァイス教会堂

　マーストリヒト（Maastricht）に到る．
　ここにはオランダとは思えない荘厳・華麗な二つの教会堂（*Basilique St-Servais, Basilique Notre-Dame*）がある．オランダでは，前記のデン・ボッシとこのマーストリヒトはカトリックのベルギーに匹敵する教会堂である．なお，ハーレム（Haarlem: *St-Bavokerk*），ドルドレヒト（Dordrecht：*O.-L.-Vrouwekerk*），ブレダ（Breda：*O.-L.-Vrouwekerk*），デルフト（Delft：*Nieuwe kerk*）に教会堂，ミッデルブルグ（Middelburg：*Abbey*）に修道院があり，時間が許せば別途訪ねたい．

第2日：マーストリヒト，リール，アントワープへ

オランダから国境を越え，N-2で110km程西へ向かうとベルギー北部の古い大都会アントワープへ着く．その17km程手前に小さな町リール（Lier）がある．街の中心の川畔に聖ゴマール（*St.Gommarus*）教会堂がある．13世紀着工のブラバント・ゴシックで，白い石に紺の屋根，力強い大きな塔をもち，美しい教会堂である．内部は，身廊のマリア像がリアルで優雅だ．

アントワープ（Antwerpen）は中世における運河交通の要所として早くから開けた街で，裕福さは群をぬくものがあった，と多くの図書に記してある．ノートルダム大聖堂（*Onze-Lieve-Vrouwekerk*）は，その富を象徴したブラバント・ゴシック・スタイルで築かれ，ベネルクス最大の規模で豪華である．計画では5つの塔が予定されていたが，実際には，一つが完成し，123mの偉容を誇っている．先端に行くほど漸次細くなる四角錐の塔の中腹に黄金の時計の文字盤が付いているこの大聖堂は，いろんな写真に見られる．ベルギーが誇る大画家ルーベンスの作品が大聖堂に華を添えている．聖パウル（*St.Paul*）教会堂は正面は修復されているが，身廊，アプスは旧く，庭の彫刻

アントワープのノートルダム大聖堂

は一見の価値がある．

　第3日：アントワープ，ゲント，ブリュージュへ
　最大の神聖ローマ皇帝として知られるハプスブルグ家のカルロス五世が生まれ育った裕福な地方として歴史上有名なフランドル地方は，現在のベルギーの北西部で，西フランドルの中心都市がブリュージ（Brugge），東フランドルの中心都市がゲント（Gent）である．アントワープから西に60 km強で古都ゲントに到る．
　ゲントは歴史的には，フランドルの首府として君臨し，政治・文化の中心地であった．聖バボ（*St. Bavo*）大聖堂は，最大の豪華さを感じる．祭壇は大理石をベースに，あらゆる所に豪華・絢爛な装飾が見られる．ファン・エイクの絵画は特筆ものである．地下のクリプタは12世紀のロマネスク，後のゴシックとその変化を見ることができる．その他，聖ニコラス（*St.Nicholas*）教会堂も古い．
　ブリュージュはゲントの西方45 kmである．中世においてはアントワープ同様，水上交通の要所として経済的に栄えた都市であり，立派な教会堂も少なくない．ノートルダム教会堂（*O.-L.-Vrouwekerk*）は，13世紀から15世紀にかけて建造され，レンガ造りの塔が印象的である．ベルギーでも最大の規模であるが，内装がより素晴らしく，ミケランジェロの彫刻を始め貴重な絵画等見るべき物が多い．街の中心部にあるのが，聖血（*Holy Blood*）教

ゲントの聖バボ大聖堂

会である．上下二層のバジリカで，上層に12世紀中頃からキリストの聖血が保持・管理されているという．本来は，カロリンガ建築の教会堂がすぐ近くに建造されていたが，フランス革命時に破壊されたという．アーヘンに類似の八角形の立派な礼拝堂であったらしいが，今はその跡地に建つ，ホリデーイン・ホテルの地下が，その教会堂の土台の石造物を保存した博物館的な存在で，容易に見学できる．アイデアはブリュッセルの大聖堂の地下のロマネスクの石の土台のそれと同一であろう．

聖サベール（*St. Sauveur*）大聖堂は，雄大である．1993年8月の第2土曜日に筆者が訪れた際，聖母マリアの被昇天祭とベルギー国王の斎礼式が大司教のもとに行われ，大聖堂の役割の一端が理解できたように思う．美術的というよりも多くの信者を収容し，威厳ある儀式に効果的に建造されている．

第4日：ブリュージュ，オステンド，トウルネイへ

なお，この地域で補足したい教会堂がある．それは，英国への港町オステンド（Oostende）の教会堂（*St. Peter and Paul's*）である．オステンドはブリュージュから西へ27 km，北海に面した英国航路の港町である．欧州からの鉄道と英国ラムスゲイトへの船便をつなぐ中央駅のすぐ近くに聳える教会堂は独特のムードが漂うこの町に見合うかのように一種の趣がある．

ブルージュの聖母教会堂

ベルギー・トウルネイの大聖堂

　内陸へ向かい70km程南下すると，コルトレイク（Kortrijk）に到る．ここには聖母教会堂（O.-L.-Vrouwekerk）がある．12世紀末に建設が始まったその教会堂は，古さもさながら，何か独特の雰囲気をもつ．ここから南東に約50km，フランス国境近くに古都トウルネイ（Tournai）がある．
　トウルネイのノートルダム大聖堂（Cathedrale Notre-Dame）は，12世紀中頃から着工したが，五個の塔を持つ優雅なロマネスク教会堂である．ベルギーは無論，西ヨーロッパを代表する教会堂といわれている．設計段階では，五個の塔を計画する教会堂は多いが，実際に完成した例は少なく，この教会の存在は希少価値といわれる．内装，宝物にも優れた物が見られる．

　第5日：トウルネイ，モンス，ニーヴェルス，ナミュールへ
　トウルネイから高速道で東南東へ48km走ると，古都モンス（Mons）に着く．古い教会堂（Collegiate Ste-Waudru）は，15世紀のブラバント・ゴシックであるが，ベルギーでも最も美しい教会の一つといわれている．さらに北東に35kmほど走ると聖フェルトルード（St. Gertrude）教会堂があるニーベルス（Nivelles）に着く．
　11世紀から着工したベルギーを代表するロマネスク様式で，メロビンガ，

カロリンガ時代の教会堂を改築しており，特に回廊は南仏やスペインに劣らず見事である．さらに東南へ約 40 km のところに，南ベルギーの中心都市ナミュール (Namur) があり，古い教会堂 (*St-Loup*) が佇んでいる．

第 6 日：ナミュール，サン・ウベール，ルクセンベルグへ

ナミュールから 73 km 程南下すると，古い門前町サン・ウベール (St-Hubert) に到る．ここに素晴らしいインテリアの古い教会堂 (*Basilique St-Hubert*) がある．

ここから高速道をさらに 86 km 走ると，ルクセンブルグの首都ルクセンブルグに到る．丘陵と渓谷が織りなす立体的な町に優雅な大聖堂 (*Cathedrale Notre-Dame*) が聳えている．

第 7 日：ルクセンブルグ，エヒテルナッハ，トリアへ

ルクセンブルグから北東へ 35 km 程走ると，エヒテルナッハ (Echter-

ベルギー・サン・ウベール教会堂

nach）に着く．ここには古く由緒ある大修道院がある．

　箱庭のようなルクセンブルグから国境を越えドイツへ入った古都がトリア（Trier）である．このドイツ領ではあるがラテン的な町の入り口にはローマ時代に築かれた石造の大きな門（Porta Nigra）がある．7選帝候の1人である大司教の門前街で，大聖堂（Dom）の他に聖母教会（Liebfrauen-kirche）等名のある教会堂も少なくない．

　第8日：トリア，リエージ，トンゲルン，ハッセルトへ

　ドイツのトリアから北北西に約160 km程走ると，ベルギーの古都リエージ（Liege）に到る．ベルギーの東部でオランダとの国境に近い中心都市である．街の真ん中を大きな川が流れており，美しい古都である．聖ジャック（Eglise St. Jacques）教会は特筆すべきである．旧い修道院教会堂で，ファサードはロマネスク，現存建築のほとんどは，フランボワイアン・ゴシックである．内装は美術的価値が高く，リエージ独特のものが多い．聖パウル（Cathedrale St. Paul）大聖堂は，13世紀に着工，その保蔵する宝物は一見の価値がある．その他，このラテン的な古都には教会堂の数は多い．

　リエージから北西へ19 kmで古都トンゲルン（Tongeren）に着く．長閑な小さな古都であり，街の中心にノートルダム教会堂（Basilique Notre-Dames）がある．歴史は古く，ロマネスクの回廊，ゴシックの教会堂，そしてブラバント様式のマッヘルンのそれにやや類似した巨大な塔が現存し，宝物

ベルギー・トンゲルンの聖母教会堂

館まで付いている．回廊とステンドグラスは印象に残る美しさであり，全体に暖かみが感じられる素晴らしい教会堂である．

さらに 20 km 走ると，ハッセルト (Hasselt) に着く．この町の郊外の田園地帯にミシュランで二つ星を獲得して久しい宿泊所を持ったレストラン・ショルテスホフ (Scholteshof) があり，お勧めしたい．

第 9 日：ハッセルト，マッヘルン，ルーヴァンへ

ハッセルトから西へ 70 km 程走るとマッヘルン (Machelen) に着く．この町には，巨大な塔を持った大聖堂 (*Cathedrale St‐Rombaut*) がある．13 世紀に着工の，ブラバント・ゴシックの建築であるが，内装はバロックである．97 m の高さまで四角柱で起立する巨大な塔が教会堂を有名にしている．この町は，アントワープと首都ブラッセルの中間に位置するといった方が分かり易いであろう．

マッヘルンから東南へ 24 km のところに学術の古都ルーヴァン (Leuven) がある．1425 年に創設の K. U. Leuven はベルギー最古で最大の総合大学であり，知的な環境は，EU で欧州各国からブラッセルに駐在の各国エリートのベッドタウンとして機能し始めているが，この旧市街の中心に修復がなり白く輝く教会堂 (*St‐Pieterskerk*) が聳えている．15 世紀に着工のブラバン

ベルギー・マッヘルン大聖堂

ト・ゴシックで，全面は見事に修復され，ブリュッセル大聖堂と同様に白く輝いている．この町は中世においてベギン（*Begijn*）女子修道会で知られたが，約半世紀前に K. U. Leuven（大学）が国際交流の宿泊施設として修復した．そのホテル（Begijnhof）に宿泊し，その周辺のベヘイノフを散策されては如何でしょう．

第 10 日：ルーヴァン，ハレ，ブラッセルへ
　ルーヴァンから首都ブラッセルは 26 km 程であるが，リング（環状自動車道）を左に選び，ウオーターローの古戦場に回り道をしたい．そのすぐ西隣に古い巡礼教会堂（*Basilique*）で有名なハレ（Halle）の町がある．
　聖母マリアに捧げられた巡礼教会堂で，正面入り口に一つの大きな塔を持った古い教会堂である．祭壇には黒いマリア像が白いマントで高い位置に飾られ，暗い身廊から見ると夢のような荘厳・華麗な空間を創り出している．15 km 程北上すると首都ブラッセルである．
　ブラッセル（Bruxelles）は EU の行政府として，すざましい発展を遂げており，巨大なビルや地下道の建設が続いているが，旧市街は，国鉄中央駅の近くである．
　ブラッセルには幾つかの由緒ある教会堂があるが，中央駅から徒歩五分以内に大聖堂（*Sts Michiel-et-Gudule*）とノートルダム教会堂（*Eglise Notre*

ベルギー・ハレの巡礼教会堂

Dame du Sablon) がある.

　ゴシックの大聖堂は 13 世紀始めに着工し, 約 300 年をかけて完成したもので, 一口にいえば豪華である. 1980 年代に大修復をし (現在も一部修復中) 前面は白く輝き, 内部の旧さとは対照的になった.

　中央駅をはさんで大聖堂の反対側, 国 (王) 立美術館のすぐそばにあるのが, ノートルダム・サブロン (*Sablon*) 教会堂である. アントワープのノートルダム大聖堂と関係があり, 14 世紀に着工. 外見, 内装, ステンドグラス等は北フランスのゴシック教会堂を連想させ, 優雅である. 身廊と側廊は各二列の大きな柱で区分けされるが, 各列毎に柱が円柱, 四角柱と変化し, 芸が細かい.

コーヒーブレイク：ベルギー・メモ

　a：5 月から 7 月以外は食べられるムール貝は, 玉葱等を入れて茹でただけのものを, マヨネーズやレモンを付けて食べるが, 大変美味しい. レストランでマッセルスと注文すると, 高さ, 直径とも約 20 cm の黒塗りのボールに約 1 kg (約 50 個) のムール貝が入って出てくる. それを, ほとんどの客は, 何気なく平らげる.

　b：ビールが 300 種以上もあり, 変化に富んだ味を楽しめる. オランダのハイネケンのようなライト・ビールも, ジュピラー等の銘柄で広く飲まれているが, 修道院で造られている 300 年余の歴史のあるアベイ・ビールも 10 指に余るという. アベイ・ビールは, 一般に, アルコールの度数が高い. トラピストというアベイ・ビールは 9 ％ を超えるアルコール含料で, 並みのビールのつもりで一気に飲むとパタンと来る. 材料も穀物だけではなく, チェリー, アップル, ストロベリー等のフルーツが用いられている.

　c：教会で見る用語

　ラテン語やその省略文字である. 以下に若干記す.

D.O.M : Deo (God) Optimo (Optimum) Maximo (Maximum) (最適, 最大な神)
I.N.R.I. : Iesus Nazarenus (Jesus of Nazareth) Rex Indaeorum (King of Jews)
　　　　(ユダヤ人の王, ナザレのイエス：キリストを指す)
R.I.P. : requiescat in pace　　　(rest in peace：死して, 安らかに眠る)
ORATE PRO EO :　　　　　　(pray for me：私のために祈って)
OBIIT (ob) :　　　　　　　　(died：・・・年に没す) 等々.

資料-6 本章で訪ねた地名（教会堂）の略図

1：アムステルダム（Amsterdam）
2：ユトレヒト（Utrecht）
3：ハウダ（Gouda）
4：デン・ボッシ（Den Bosch:'s-Hertogenbosch）
5：マーストリヒト（Maastricht）
6：アントワープ（Antwerpen）
7：ゲント（Gent）
8：ブリュージ（Brugge）
9：オーステンデ（Oostende）
10：トゥルネイ（Tournai）
11：モンス（Mons）
12：ニーベルス（Nivelles）
13：ナミュール（Namur）
14：サン・ウベール（St-Hubert）
15：ルクセンブルグ（Luxembourg）
16：エヒテルナッハ（Echternach）
17：リエージ（Liege）
18：トンゲルン（Tongeren）
19：マッヘルン（Machelen）
20：ルーヴァン（Leuven）
21：ハレ（Halle）
22：ブラッセル（Bruxelles）

7：スイス，オーストリアの旅

ポイント
風光明媚なスイスのドライブを楽しみ，後はドナウ川に沿ってウイーンへ

訪問地
ジュネーブ，ローザンヌ，ベルン，バーセル，ルツェルン，ルガノ，アインジーデルン，チューリッヒ，コンスタンツ，ザンクト・ガレン，ダヴォス，ミュスタイル，インスブルック，ザルツブルグ，メルク，ウイーン

第1日：ジュネーブ，ローザンヌ，ベルンへ
ジュネーブ(Geneve)はレマン湖の畔の山紫水明な街である．かってはルソーのような思想家を生み出した文化的な側面があるが，ことキリスト教に関しては宗教改革者カルヴァン(Calvin)が活躍した古都である．ここには10世紀に建設に着手したカトリックの大聖堂(*Cathedrale St Pierre*)があったが，16世紀の宗教改革以後，プロテスタントの教会堂に変身している．

レマン湖の北岸に沿って約60km走ると，ローザンヌ(Lausanne)に到る．世界的なリゾートで，対岸には飲料水ブランドの一つであるエビアンが望遠できる．ローザンヌには優雅な大聖堂(*Cathedrale*)がある．12世紀に建設のゴシックの大聖堂で，スイスではもっとも美しい教会堂といわれる．

さらに湖畔の高速道を18km程進むと，アルプス越えのサン・ベルナール，シンプロンへの山岳道との分岐点に到るが，そこから湖畔に別れを告げ，谷合の道を83km程走るとベルン(Bern)に着く．

ベルンはスイス連邦の首都であるが，静かな落ち着いた中世の趣を残す文化都市である．ここの大聖堂(*Münster St Vinzenz*)は，15世紀に建設が始まり，150年を掛けて完成したゴシック建築であり，したがってスイスのゴシック建築の大聖堂としては最も新しい．また，その後建てられた付属の塔は高さ100mで，スイスで最も高く，その展望回廊からの眺めは素晴らしい．

第2日：ベルン，バーセル，ルツェルン，ルガーノへ
ベルンの北約100km，フランスとドイツとの国境の近くに古都バーセル(Basel)がある．バーセルにはロマネスクの痕跡を残す古い大聖堂(*Münster*)がある．その歴史は9世紀に遡り，双塔は端正かつ雄大で，屋根

スイス・バーセル大聖堂

はウイーンの大聖堂やボーヌのオテル・デュウのような鮮やかな色彩の模様である．回廊も雄大で庭からの眼下のラインの眺めは絶景である．

　バーセルから南東に100 km弱走るとルツェルン（Luzern）である．フィーアヴァルトシュテッツ湖畔の美しい街であり，サン・ゴッタルド峠に近く，アルプスを越えでイタリアと結ばれていたので，プロテスタントのスイスでは珍しくカトリック色の強い古都である．旧市街の大聖堂（*Hofkirche*）の建設の歴史は8世紀に遡るが，17世紀中葉の火災で，ゴシックの塔以外は灰燼に帰し，現在のものはイタリア式の回廊を持つルネッサンス様式の優雅な教会堂である．ルツェルンからサン・ゴッタルドでアルプスを越え170 km程走るとイタリア国境のスイスの街，ルガーノ（Lugano）に着く．

第3日：ルガーノ，アインジーデルン，チューリッヒへ

　ルガーノ湖畔のリゾートであるこの街には，大聖堂（*Cattedrale di San Lorenzo*）と古い教会堂（*Chiesa di Santa Maria degli Angioli*）がある．前者の優雅なファサードはルネッサンス様式であり，後者は，15世紀末に建設の修道院付属教会堂であるが，フレスコ画に見るべきものがある．

　アルプスのドライブを堪能した後は，再びルツェルンへの道を戻るが，40 km程手前のウイリアム・テルの記念碑があるアルトドルフ（Altdorf）から40 km程北上すると修道院の村，アインジーデルン（Einsiedeln）に到る．

アインジーデルン大修道院付属教会堂

　アインジーデルンには 10 世紀初頭に修道院が建設され，スイスで名高い巡礼地である．今日見る大修道院は 18 世紀に建立され，古いとは云えないが，規模は驚くほど雄大でその付属教会堂（*Klosterkirche*）は壮麗である．

　チューリッヒ湖に沿って約 40 km で，チューリッヒ（Zurich）に着く．シャルルマーニュ大帝に縁の跡地に 11 世紀に建立の優雅な双塔を有するロマネスクの大聖堂（*Grossmünster*）が聳えている．しかし，16 世紀初頭，ツビングリ（Zwingli）による宗教改革の嵐が吹き荒れ，その後はプロテスタントの教会堂に変わっている．その他，12 世紀に建てられた聖母教会堂（*Fraumünster*）がある．

　第 4 日：チューリッヒ，ザンクト・ガレン，ダヴォスへ
　チューリッヒから東に 86 km ほど，高速道で約 1 時間走るとザンクト・ガレン（Sankt Gallen）である．ここには 8 世紀以来学術的に有名なベネディクト派の大修道院がある．カロリンガ朝時代に建造の付属大聖堂（*Kathe-*

drale) は再度建て替えられ，現存の物は華麗なバロックである．ここでは，付属の図書館が有名である．中世初期からの 2,000 部のザンクトガレン写本をはじめ，および 10 万冊の古くて貴重な図書のコレクションは世界に類を見ないものとして，多くの見学者を集めている．見学の際，はかされるスリッパは印象的である．

ザンクト・ガレンから 115 km 程南東に山合いの近代的な街ダヴォス (Davos) がある．ウインタースポーツのメッカであるが，最近はダヴォス会議で知られている．有名な教会堂はないが，次への中継地としては最適である．細長い街は気の利いたレストランも少なくなく，散歩しても楽しい．

第 5 日：ダヴォス，ミュスタイア，インスブルックへ

ダヴォスから東へ向かい 2,383 m のフリューエル峠とさらに 2,149 m のオフェン峠を立て続けに越え 70 km 弱走るとミュスタイア (*Müstair*) に着く．

イタリア国境に近いアルプス山塊の長閑な村であるが，ここにシャルルマーニュ大帝が創設した聖ヨハネ＝バプチスト大修道院がある．その付属教会 (*Klosterkirche St Johann*) は 15 世紀に改築されたが，教会堂の内陣の壁画はスイス最高のフレスコ画といわれる．チューリッヒの国立博物館に移管されたものもある．教会の周りはなだらかな草原で，牛の首に付いたベル (カウベル) がそこかしこで澄み渡った空気に響き，別世界そのものである．

スイス領を抜け，イタリア領を通過し，オーストリア領内に入り，合計で 130 km 程走るとインスブルック (Innsbruck) に到る．歴史的にもオースト

スイス・ミュスタイア大修道院

リアの主要都市であるが，ブレンナー峠で結ばれるイタリアとドイツの街道沿いのチロル州の中心都市として栄えてきた．旧市街を散策し，チロル地方の景観を楽しみたい．ここの大寺院（*Dom zu St. Jacob*）は，現存のものは18世紀初頭に再建されたが，古くからのこの地方のカトリック寺院の特徴は残っているといわれる．内陣は南ドイツに近いせいかバロック様式の華麗なものである．

第6日：インスブルック，ザルツブルグへ

インスブルックから東北東に160 kmあまりで古都ザルツブルグ（Salzburg）である．モーツアルト生誕の地としても知られる古都である．

見るべき教会堂は山上に聳えるホーヘンザルツブルグ城の麓のレジデンツの周りに集まっている．その一角は中世そのままの感じで，大聖堂（*Dom*）と聖ピーター（*St. Peter*）教会堂が素晴らしい．大聖堂の歴史は8世紀に遡るが，現存のものは17世紀に建築の後期ルネッサンス様式である．後者も最初はロマネスク様式で建立されたが，その後バロック様式で改修されている．周辺には古いクリプト等があり，中世のムードが満ちている．

第7日：ザルツブルグ，メルク，ウイーンへ

ザルツブルグから高速道に乗り，リンツ（Linz）を経てドナウ川に沿って

ザルツブルグ大聖堂

東へ向かい，合計210 km程走ると古い小さな街メルク（Melk）に着く．ドナウ川沿いの丘に聳える大修道院が素晴らしい．ハブスブルグ帝国の支援を受けバロックの粋を集大成した修道院付属教会堂は，文章では表現できないほど華麗且つ優雅である．またこの教会堂からのドナウ川の眺めはまさに絶景である．

　メルクから東へ90 km程でウイーンに着く．

第8日：ウイーン

　ウイーン（Wien）は歴史的に見れば，ハブスブルグ帝国の都であり，また音楽の都であった．

　ヨハンシトラウス作曲のワルツ「美しき，碧きドナウ（An der schönen, blauen Donau）」は音楽の都「ウイーン」の象徴として，恒例のウインフィルによるニューイヤー・コンサートの目玉でもある．

　かつてのハブスブルグ帝国はウイーンを都としブダペスト，ブラチスラバ，プラハを衛星都市としてヨーロッパに君臨してきたが，プラハ以外は総てドナウで繋がっていた．ドナウは紛れもなく文化を伝搬する動脈であった訳で，すでに述べてきたように中世の教会堂や大聖堂そして修道院等がこの大河に沿って展開しているのも頷ける．ウイーンもブラチスラバもブダペストも，現在はそれぞれの国の首府であるが，いずれも街の真ん中をドナウが

ウイーン大聖堂

ウイーン・カールス教会堂

貫いており，独特の景観を今に保っている．

ウイーンでは聖シュテファン大聖堂（*Stephansdom*）とカールス教会堂（*Karlskirche*）が別格である．前者は旧市街の真ん中にあり，ゴシックの単塔と屋根の模様が印象的である．

後者はリンク（旧城壁）の外側に接した公園に，18世紀初頭に，マリア・テレジアの父カール6世によりペスト終焉を願って建てられたバロックの優雅な教会堂である．ともに十分な鑑賞に値する素晴らしい教会堂である．

シュテファン大聖堂はまたオルガンのコンサート・ホールとしても素晴らしい．ときどき，夕刻8時頃から1〜2時間，オルガンコンサートを行っており，運が良ければ，千円程度で本場のオルガン演奏を堪能できる．

ウイーンは周囲の郊外の散策がまた楽しい．カーレンベルグやグリンツウィング等，いわゆるウイーンの森のホイリゲで飲むワインも格別である．郊外のクロスターノイブルグ修道院（*Klosterneuburg Abbey*）の教会堂も挙げておきたい．

コーヒーブレイク：ハプスブルグ帝国とウイーン

ウイーンはかってブタペスト，ブラチスラバ，プラハを衛星都市とするオーストリア大帝国の首都であった．君主はハプスブルグ家から継承され，ハプスブルグ家は700年余も続き，一時はヨーロッパの大半を支配したほどである．

もともとはスイスの小領主であったが，1273年にルードルフ一世が神聖ローマ帝国

の王位に選ばれてからヨーロッパに君臨し，ウイーンを本拠とするようになる．ちなみに皇帝は，3人の聖職者（マインツ，トリア，ケルンの大司教）と4人の世俗君主（ボヘミア王，ブランデンブルグ公，ザクセン公，プアルツ宮中伯）からなる7名の選帝侯の選挙によって決定した．皇帝は一代限りで選挙をくり返すが，1440年フリードリッヒ三世がハプスブルグ家から選ばれてからは，1806年の神聖ローマ帝国の解体まで殆ど王位はハプスブルグ家に独占された．この間ブルゴーニュ公国との縁組み，スペイン王家との縁組みを経て領土は飛躍的に拡大し，カール五世が皇帝に選ばれた頃は，フランス以外のヨーロッパとスペイン領新大陸（中南米）は殆どハプスブルグ家の領土といってもよいほどであった．

　広大な領土はスペイン系とオーストリア系に分割統治され，以後ウイーンを本拠とするハプスブルグ家はマリア・テレジア女帝，フランツ・ヨーゼフ帝と1918年まで続き，シェーンブルン宮殿やウイーン王宮が政治の中心として，またウイーンが華々しい都として栄えた．音楽面でもモーツアルト，ベートーベン，ブラームス等の巨匠が活躍し，ウイーンフィルが華麗なる音楽を演奏する文化活動を可能にしてきた訳である．

7：スイス，オーストリアの旅

資料-7 本章で訪ねた地名（教会堂）の略図

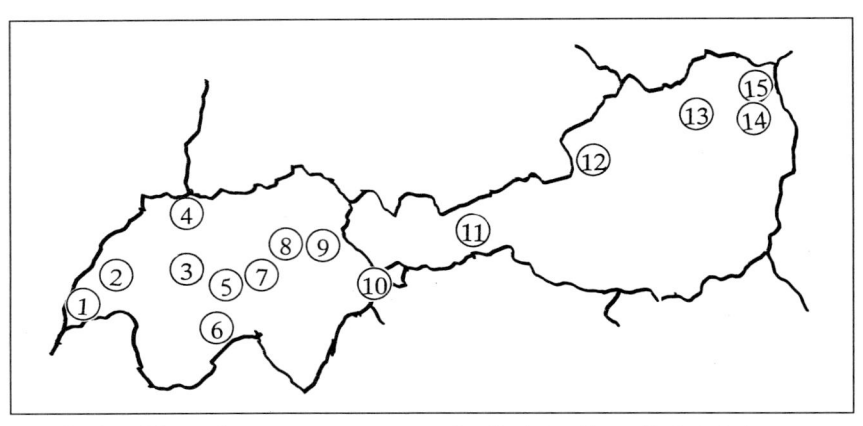

1：ジュネーブ (Geneve)
2：ローザンヌ (Lausanne)
3：ベルン (Bern)
4：バーセル (Basel)
5：ルツェルン (Luzern)
6：ルガーノ (Lugano)
7：アインジーデルン (Einsiedeln)
8：チューリッヒ (Zurich)
9：ザンクト・ガレン (Sankt Gallen)
10：ミュスタイア (Mustair)
11：インスブルック (Insbruck)
12：ザルツブルグ (Salzburg)
13：メルク (Melk)
14：ウイーン (Wien)
15：クロスターノイブルグ (Klosterneuburg)

8：東欧の旅

ポイント
古き良き時代のヨーロッパが残る東欧（ポーランド，チェク，スロヴァキア，ハンガリア）の教会堂巡り

訪問地
ワルシャワ，マールボルグ，チェンストホーバ，クラクフ，プラハ，ブルノ，オロモウツ，ブラチスラバ，パンノンハルマ，ブダペスト，ドナウベント，エゲル，ブダペスト

第1日：ワルシャワ

現在のローマ法皇パウロ二世は，ポーランドの出身であるが，ポーランドは，イタリア，スペインと並ぶ熱烈なローマ・カソリックの国である．数度の大戦でワルシャワを中心に国土は破壊されたが，南部のクラクフやチェンストホーバには古い由緒ある教会堂が現存している．

ワルシャワ（**Warszawa**）は，1595年以来ポーランドの首府である．しかし，第二次世界大戦で殆ど全てが破壊され，現在目にする建造物は修復した物である．

ワルシャワ・聖十字架教会堂

教会堂としては，ワルシャワ大学の前に建つ聖十字架教会（*KoscioL w. KRZYZA*）は，バロックの教会堂であり，ショパンの心臓を柱の一つに埋めたことで有名である．教会の入り口に十字架を背負ってよろめくキリストの彫刻がある．内陣はアプスにはキリストが十字架にかけられた絵画が，左方の小祭壇にはチェンストホーバのマリアの像と同じ様な像がまつってある．また，アプスの右の壁にはマリアの絵画が飾ってあり，マリアのかぶっているスカーフの模様が某ファッション・メーカーのロゴの雰囲気である．ポーランドのマリアにはこの模様のスカーフを着けたものが多いようだ．ワルシャワにはこのほか，バロックの教会堂が多い．旧市街にあるワルシャワ大聖堂は，ポーランド王の戴冠式が行われただけあり，全てに奥ゆかしい．クリプト及び身廊は14世紀初頭のゴシック，表面はバロック，ステンドグラスも美しい．しかし，全ては修復されたものである．

第2日：ワルシャワ，マールボルグ，ワルシャワ

チュートン騎士団（*Teutonic Order*）は，第三回十字軍の折り，傷病者救護のため組織されたドイツ人の騎士団である．エルサレム滅亡後，13世紀初めからプロシャ人征服とポーランドの布教活動に従事するため，新たな役割を得て集団移動した．バルト海に面した古都グダニスクの近くに本拠となる城塞（マリエンベルグ）を築き，以後ドイツ騎士団としてバルト沿岸地方を制覇する．

ポーランド・マールボルグのマリエンベルグ

マリエンベルグ（*Marienberg*）は，ワルシャワから北北西に 318 km，グダニスクから 50 km ほど内陸のマールボルク（Malbork）に築かれた城塞である．ノガット（Nogat）川畔にそびえる城は雄大で，その規模の大きさもさるもの，13〜14 世紀ゴシック様式の美しさは見る者の目を奪う．エルサレムから，はるばるバルト海沿岸に移り，ここを永住の地と定め築いたのがこの城塞であろう．釣り橋を渡って入る内部は，さすがに騎士修道会だけのことはあり，教会堂も充実している．しかし，後に（1410 年），ポーランド王とポーランド北部のグルンワルドでの戦いに敗北し，衰退し，一部はチェク共和国に止まるが，歴史上の話題から消えていく．

第 3 日：ワルシャワ，チェンストホーバ，クラクフへ

チェンストホーバ（Czestochowa）は，ワルシャワの南南西約 250 km に位置する古都であり，中世からの巡礼の街として有名である．ここにあるヤスナ・グラ（*Jasna Gora*）修道院は，今も多くの巡礼を集めており，その外観は小高い丘の上に建っており城塞のようである．事実篭城した歴史もある．この修道院にまつられている聖母マリアの絵画は極めて有名で，類似の物がポーランドの幾つかの教会堂（例えば，クラクフの聖マリア教会堂等）にもまつってある．カソリックの国だけに，内陣，祭壇その他豪華・絢爛な美術品で埋まっている感じだ．

チェンストホーバの南東 125 km に古都クラクフ（Krakow）がある．16

ポーランド・チェンストホーバのヤスナ・グラ修道院

世紀末までポーランドの首都であった都で，戦火を免れたため中世が殆どそのまま保存されている珍しい古都である．ポーランドの京都とも云われる．旧市街に残るヤギエオ大学は，1364年の創立で，古くはコペルニクスを輩出し，現在はローマ法皇パウロ二世が学んだ大学で，別名クラクフ大学といわれる．この大学の東方に旧市街のシンボルである中央マーケット広場がある．その一角にゴシックの聖マリア教会堂（*Bazylika Mariacka*）がある．外観は左右非対称の優雅な塔で異彩を放っているが，内陣には，マリアの絵画等の美術品も多く，豪華である．とりわけ，中世に名声を欲しいままにした木彫刻師のヴィド・ストヴォシ（**Wit Stwosz**）の手になる祭壇は素晴らしく，国宝だけのことはある．

旧市街の南，ビスワ川の畔に聳えるバベル（*Wawel*）城は，かつてポーランド王の居城であった．現在も大聖堂が聳えその側には国立美術館があり，多くの観光客で賑わっている．この大聖堂は14世紀中葉のゴシックを土台にバロックで装われている．カソリック国王の大聖堂だけあり，全てに豪華・絢爛である．代々の国王の戴冠式を行ってきた面影が今も残っている．狭い

ポーランド・クラクフのバベル大聖堂

木造の階段を経て塔に上ると，ポーランドで最大といわれる周囲8mの鐘にお目にかかれる．

第4日：クラクフ，プラハへ

さて，クラクフから国境を越えてチェクに移動する．ある年の夏，この国境が自動車に対して閉鎖されたことがある．その際は列車を利用すればよい．チェクのオストラヴァ（Ostrava）まで3時間ほどである．クラクフから1時間ほどの途中にホロコーストで悪名高いアウシュビツ（Oswiecim）があり，関係の資料を収集した博物館がある．オストラバで再度レンタカーを借りてもよし，列車で4時間強プラハまで乗り継いでもよい．

第5日：プラハ

プラハ（Praha）はチェコの首府であり，ボヘミア地方の古い都である．街の中心を流れるブルタバ（モルダウ）川に架かるカレル橋は，その欄干に聖者の彫刻が並んでいることで有名であるが，この橋からプラハ城を遠望した写真はポピュラーである．

プラハ城内では聖ビート大聖堂（*Katedrala sv. Vita*）と聖イジー教会堂（*Bazilika sv. Jiri*）は是非訪ねたい．前者は入り口に双つの天を突く塔と巨大な鐘楼を持つ雄大で華麗なゴシックの大聖堂である．後者は10世紀に建てられたロマネスクの古い教会堂で素朴で気品に満ちている．

川を夾んでプラハ城と反対側がいわゆるダウンタウンである．その中心

プラハ大聖堂（左）とテイン教会堂（右）

である旧市庁舎前の広場には宗教改革の先駆者であるフスの像があり，今なお多くの市民に敬愛されている．ドイツのコンスタンツで異端の罪で火炙りにあったのは既に述べた通である．その広場の前にティン教会堂（*Marcepred Tynem*）がある．古さを感じさせるゴシックの教会堂である．

第6日：プラハ，ブルノへ

プラハから高速道で東南に200km程でブルノ（Brno）に着く．モラビア地方の中心都市で，既に紹介したボヘミアのプラハ，これから触れるスロベキアのブラチスラバに並ぶ旧チェコスロベキアの主要都市で，現在は国際見本市で有名な工業都市である．旧市街には，多くの教会堂があり，市民の多数はカソリックとのことである．しかし，ボヘミアのフスが宗教改革の先駆者であったように，チェクは隣国のポーランドに比較するとその度合いは少ないとのことである．

代表的な教会として，城とともに市の象徴である大聖堂がある．その名は聖ペテロ・パウロ教会堂（*Katedrala Sv.Petra a sv.Pavla*）である．外見は細く尖った角錐形の双塔を持ったゴシックであり，正面の構えも堂々としている．内陣については側廊はないが，アプスのステンドグラスが美しく，また側壁にはバロックの聖像が飾られ，重厚で豪華な教会堂である．1994年現在，地下のロマネスクのクリプタが整備中であり，近く公開されるという．もう一つ挙げるとすると，聖ヤコブ教会（*Chram Sv. Jakuba*）であろう．街の中心部にあり，白の四角柱に緑の尖塔が載った92mの塔を持った古い教会堂である．内陣は明るく，ロマネスク，ゴシック等の説教壇や十字架の彫刻が多く見応えがある．

オロモウツ（Olomouc）はブルノの北東約80km，歴史保存都市の指定を受けている古都である．高速自動車道で容易に到着する．東欧の森林や田園地帯は美しいと云われるが，モラビアのこの地帯はとりわけ素晴らしい．この街には，ルネサンス，バロック等々の多くの教会や建築物がある．15世紀に建造のマウリチウス教会堂（*Kostel Sv. Morice*）は，ドッシリしたゴシックで，外見と異なり，内陣は豪華で，ステンドグラスの色も鮮やかである．

第7日：ブルノ，ブラチスラバへ

ブルノから高速道を南南東に143km程走ると，オーストリア，ハンガリーの国境が近いスロバキアのブラチスラバ（Bratislava）に到る．現在では

ブラチスラバ聖マルチン教会堂

スロベキア共和国の首府である．ウイーンから約60km程の下流に位置するドナウ川沿いの古都である．なんともいえない雰囲気を醸し出しているブラチスラバ城が，あまりにも有名であるが，この街には，聖マルチン教会堂 (*Dom SV.Martina*) がある．ブラチスラバ城の下，ドナウ川に掛かる新しい橋の袂にあり，85mの高さの単塔を持ったゴシックの美しい教会堂である．内陣は簡素でそれなりに美しい．工業化の遅れているこの国は，古きヨーロッパそのもので，悠然としたドナウの流れとともに訪れる者の心に訴えるところが大である．

第8日：ブラチスラバ，パンノンハルマ，ブダペストへ

ブラチスラバからハンガリーへ越境し東へ約95km，パンノンハルマ大修道院に到る．さらに東に約150kmで，ブダペスト (Budapest) に到着する．

ブダペストはハンガリーの首都である．ドナウ川に懸かる幾つかの橋が，この古都の優雅さを一層強調しているようだ．この街の教会堂としては，ブダ地区のマーチャーシ教会堂 (*Matyas-templom*) とペスト地区の聖ステファン大聖堂 (*Szt. Istvan-bazilika*) はぜひ訪れたい．ドナウ川の両岸に位置するが，前者は見晴らしのよい丘に聳えるゴシックの優雅な教会堂であり，ネオロマネスク様式の漁夫の砦に守られているようだ．後者は，平坦な旧市街にあり，19世紀に建造されたもので旧いものではないが，規模は大きい．筆者は，1989年のベルリンの壁が取り壊される直前と1991年以降再々訪れ

ブダペスト・聖ステファン大聖堂

たが，最初の頃は社会主義的な後遺症で内陣が荒れていたが，再度の訪問の際には急速に内装が整えられ驚いたものである．

第9日：ブダペスト，エステルゴムへ

ウイーンからスロヴェキアとの国境に沿って東に流れてきたドナウ川が南に大きくカーブしブダペストに到るが，ブダペストからドナウ川を遡り，北におよそ75 kmに位置するエステルゴムまでの地域をドナウ・ベントという．

エステルゴム (Esztergom) は，11～13世紀にハンガリー王朝が都を置いた古都で，ここのバシリカ大聖堂 (Catedral) はハンガリー最大の規模を誇る．ドームの高さは100 m，鐘楼の高さは57 mであり，その聖画は世界最大，ハンガリーのキリスト教の総本山でもある．

第10日：ブダペスト，エゲルへ

ブダペストから東北東に140 km程走ると，赤ワインで有名なエゲル (Eger) に着く．ハンガリー最初の医科大学創設の学術都市でもある．町はずれの丘陵に多くの横穴が掘ってあり，ワインのケーヴになっている．「エ

ハンガリー・エステルゴム大聖堂

ハンガリー・エゲル大聖堂

ゲルの雄牛の血」として世界に知られる赤ワインの産地である．ここに，ハンガリーでエステルゴムのバジリカに次いで二番目に大きな大聖堂（Catedral）がある．クラッシク・スタイルの優雅な教会堂である．

(126) 8：東欧の旅

資料-8 本章で訪ねた地名（教会堂）の略図

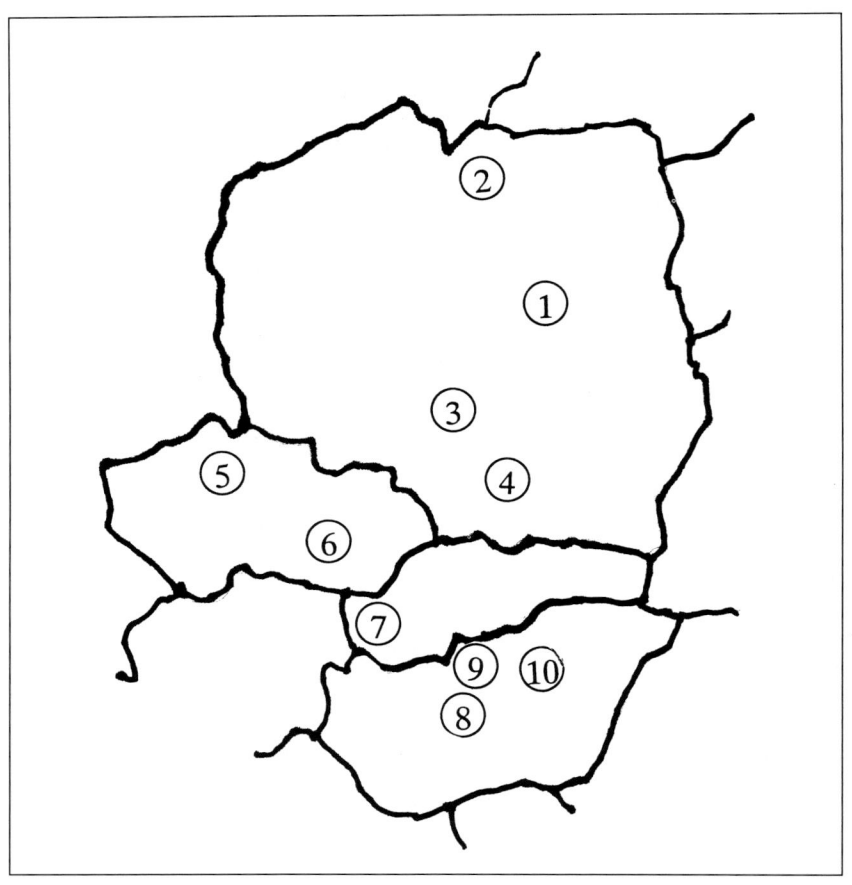

1： ワルシャワ（Warszawa）
2： マールボルク（Malbork）
3： チェンストホーバ（Czestochowa）
4： クラクフ（Krakow）
5： プラハ（Praha）
6： ブルノ（Brno）
7： ブラチスラバ（Bratislava）
8： ブダペスト（Budapest）
9： エステルゴム（Esztergom）
10：エゲル（Eger）

9：北欧とバルト沿岸の旅

ポイント

北欧（ノルウェイ，デンマーク，スウェーデン）とバルト沿岸（ヘルシンキ，タリーン，サンクト・ペテルブルグ）の教会堂巡り

訪問地

コペンハーゲン，オーフス，リーベ，オデンセ，ロスキル，コペンハーゲン，ルンド，オスロ，トロンヘイム，ストックホルム，ウプサラ，ヘルシンキ，タリーン，サンクト・ペテルブルグ

第1日：コペンハーゲン，オーフス，リーベ，オデンセへ

コペンハーゲンからオーフスへは約40分の空路を利用する．オーフス（Aarhus）はドイツと陸続きのデンマーク領であるユラン半島の港町であり，充実した大学や美術館をもつ文化の中心地である．港に近い旧市街に13世紀初頭に着工した後期ゴシック様式の大聖堂（*Domkirke*）があり，身廊の長さが93mほどで，デンマークで一番長いといわれる．

デンマーク・オーフス大聖堂

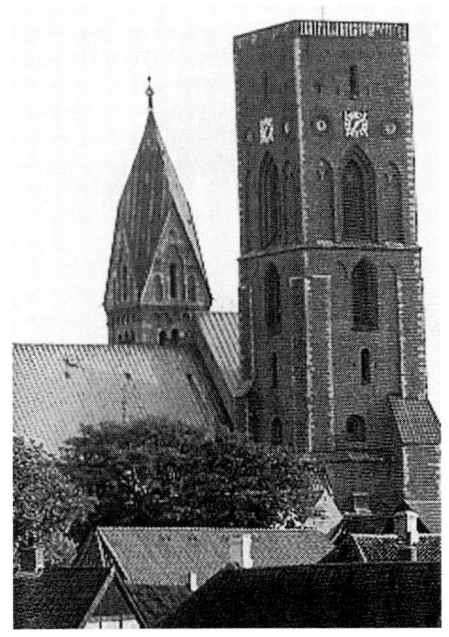

デンマーク・リーベの教会堂

　ここでレンタカーを借り，ユラン半島を横切り北海側の古都リーベへ移動する．141 km 程のドライブである．リーベ（Ribe）には，12世紀の古くて優雅なロマネスクの教会堂がある．
　リーベから 121 km 東，フュン島の中心地オデンセ（Odense）に向かう．童話で有名なアンデルセンの生まれた街でもある．ここは，また中世においては巡礼地でもあった．その大寺院（*Skt. Knud Cathedral*）は 13 世紀のゴシック建築でデンマークで最も美しいといわれている

　第 2 日：オデンセ，ロスキル，コペンハーゲンへ
　オデンセからコペンハーゲンのあるシェラン島へ渡る．ストアベルト海峡に架かる 24 km 程の橋を渡り，大聖堂が有名なロスキル（Roskilde）へ着く．135 km 程のドライブである．ここにデンマークを代表する規模の華麗なゴシックの大聖堂が聳えている．王家の菩提寺でもある．ロスキルから 35 km 程でコペンハーゲンである．
　首都のコペンハーゲン（Copenhagen）には，教会堂が多い．マーブル教会

デンマーク・ロスキル大聖堂

(*Marble Church*)，ホルメンス教会（*Royal Chapel Naval Church*；*Holmens Kirche*）が有名である．前者は半球形の塔をもった雄大な建築物であり，後者はボーセンと称される中世からの立派な建物の前に，やや小さく佇んでいる古風な教会堂である．

観光の名所としては，市内のチボリ公園と郊外にありハムレットの舞台となったクロンボー城が有名である．

第3日：コペンハーゲン，ルンド，オスロへ

コペンハーゲンから対岸のスウェーデンのマルメまでは以前は高速艇で1時間ほどであったが，現在は橋が開通しており，車で渡れる．したがって，ルンドまでは橋を入れても40 km 程，一走りである．

ルンド（Lund）は大学で有名な学術・文化都市である．ここに，11世紀に建立のロマネスクの大聖堂が佇んでいる．規模は大きいとはいえないが，何回かの修復にもかかわらず，優雅なロマネスクの特徴を失わずに今日に至っている．私には北欧一の優雅さに思える．ルンドを楽しんだらコペンハーゲ

スウェーデン・ルンドの教会堂

ン空港に戻り，車を返却し，空路オスロへ飛ぼう．

オスロ (Oslo) はノルウェイの首都であり，ヴァイキング船博物館等見るべき所は少なくない．ここの大聖堂 (*Oslo Domkirken*) は17世紀末の建設で古いとはいえないが，ノルウェイ国教の総本山である．

第4日：オスロ，トロンヘイム，ストックホルムへ

オスロから空路北へ，大西洋岸の港町トロンヘイム (Trondheim) へ飛ぶ．ここにノルウェイは無論，スカンジナビアで最大規模のゴシックの大聖堂がある．ノルウェイのキリスト教の布教に尽くした聖オーラフを祀るために12〜13世紀に建立されたが，豪華，壮麗な教会堂である．豪華な内陣の他にロマネスク様式の聖母の小礼拝堂は，優雅である．

トロンヘイムからはオスロ経由でストックホルムへ飛びたい．

第5日：ストックホルム，ウプサラ，ヘルシンキへ

スウェーデンの首都のストックホルム (Stockholm) の旧市街は，ガムラ・スタン (Gamla Stan) といわれるが，古くからの建築物が集中している．王

ノルウェイ・トロンヘイム大聖堂

宮に隣接する大聖堂（*Stockholm Cathedral*：*Storkyrkan*）はスウェーデンで最古の建築物で，スウェーデン王の多くがここで戴冠式を行ったといわれる荘厳な教会堂である．外見はややヤボッタイが内陣はさすがに素晴らしい．スラリとした高い尖塔をもつリッダルホルム（*Riddarholmen*）教会堂も同様

スウェーデン・ウプサラ大聖堂

に古く由緒ある教会堂で，内陣のクリプタに国王の墓がある．また内壁に張られた多くの貴族の紋章の入ったプレートは華麗である．

　スエーデンの空の表玄関であるアルランダ国際空港から約67 km，ストックホルムと対称な北側にある古都がウプサラ（Uppsala）である．中世に於いては宗教や学芸の中心地であり，スカンジナビアで最古の大学であるウプサラ大学は有名である．ウプサラ大聖堂（*Uppsala Cathedral*）は，13世紀に建造の由緒ある教会堂で，一口に形容するなら，堂々としてセンスあふるる抜群の教会堂である．黒い二本の尖塔をもち，赤レンガの壁面と調和した荘厳な外観の教会堂で，内陣も優雅である．その後，空路ヘルシンキへ飛ぶ．

第6日：ヘルシンキ，タリーンへ

　ヘルシンキ（Helsinki）はフィンランドの首都である．この国には木造の教会堂が多い．市内において見るべき石像の教会堂としては，以下の3寺院があげられよう．大寺院（*Tuomiokirkko*）はロンドンのセントポール寺院を想起させ，ウスペンスキー寺院（*Uspenski Tuomiokirkko*）は荘厳，テンペリアウキオン教会堂（*Temppeliaukion kirkko*）は奇抜な建築で，いずれにせよ，この国の建築水準は極めて高いといわれる．物価高なこの都市は早めに引き上げ，フィンランド湾をフェリーで横切り対岸のタリーンへ向かう．

　タリーン（Tallinn）は，バルト三国の一つであるエストニアの首府である．中世においてはハンザ同盟に参加した商業都市で，北のギリシャともいわれ，海に臨む美しい古都である．筆者が国際会議のために訪れたのは1990

エストニア・タリーン聖オレフ教会堂

年夏で，ソ連解体の前であったが，その兆しが散見された頃である．街の中心に大きくて優雅な聖オレフ教会堂があるが，内陣は総て取り外され，ホールとしてロックコンサートなどに利用されており，見るも無惨な状態であった．しかし，現在は東欧諸国のように，キリスト教が急速に復活し，教会堂の内陣も旧に復していることであろう．タリーンはまた文化的な古都であり，旧市街には優雅な建造物はじめ見るべき物は多い．

コーヒーブレイク：国際会議の裏面

あらゆる科学分野で国際化が進んでいる．国際学会は花盛りとでもいえそうである．大きな国際学会は，3，4年毎に全体会議（ワールド・コングレス：WC）を，専門分野を限定したシンポジウムやワークショップを毎年数回開催し，学術の発展に貢献している．役員の選出，専門領域の相互連絡等々，国際学会の運営にとって必要な舞台裏の会議をビジネス・ミーティング（BM），先端的な学術研究の成果を発表する会議をアカデミック・ミーティング（AM）という．

多くの国際学会では，WCでは開催の週の月曜日から金曜日までの5日間をAMにあて，その間にレセプション，バンケットが割り込む．参加者は学術の表舞台で晴れやかな数日を過ごすことになり，研究者になった幸せを感じる時である．国際会議に出席する殆どはこれで全てである．しかし，プログラムに記載のAMの前後に数日間BMが組まれている．従来は，欧米の大国がこのBMを取り仕切り，我が国の参加者はお客として扱われ，国際学会にもよるが，一般的には舞台裏への貢献は無きに等しい状況であった．しかし，今や我が国は，この面でも国際貢献が要請されている．

1990年夏，某国際学会のWCがエストニアのタリンであり，役員になって初めてBMに出席するためAMの前後数日，総計10日間にわたり滞在し，国際学会の舞台裏をタップリ勉強する羽目になった．国際学会は学術領域と参加国組織とが車の両輪として回っていくが，それぞれの要求を審議・調整する会議であるBMは，時として激論を呼び，役員を務める高名な学者の，学問以外の思わぬ一面を見せつけられる．そして深夜まで，昼の会議で相反した同士が，ワイン・グラスを傾けながら旧知の親友のように話し込む．あるいは激論など全くなかったかのように，お互いの配偶者を交換してダンスを踊っている．心身ともにタフな男の決戦が繰り広げられる戦場である．

新たな研究の芽を大きく育てるためワーキング・グループを組織し，研究成果を発表するワークショップ，シンポジウムへと段階的に発展させ，大きな学術の流れのリーダになる．多かれ少なかれそんな実績を持つ者同士が，次のステップの主導権を目途

に渡り合う BM は，舞台裏ではなく，学者のサバイバルを賭けた戦場以外の何ものでもない．

第 7 日：タリーン，サンクト・ペテルブルグへ

タリーンからサンクト・ペテルブルグ（St. Peterburg）へ飛ぶ．空港と旧市街の中間に地下鉄「モスコブスカヤ」の駅があり，ここから地下鉄で旧市内ならどこへでも行ける．宿泊の拠点にしたい．ソ連解体から 10 年が経過し，当地のホテルはいずこも高騰し，2001 年時においては，一流ホテルは旧市内で一泊 4 万円もするが，郊外（プルコバスカヤ・ホテル）ではその三分の一から四分の一であった．何らかの工夫が必要である．

第 8 日：サンクト・ペテルブルグ

サンクト・ペテルブルグは革命以前の帝政ロシアの首都であり，モスクワ等のロシア正教の影響だけでなく西欧の影響も強く受けたといわれる．

エルミタージュ美術館は質量ともに世界最高のコレクションを誇り，ロシアのイコン等ではロシア博物館も訪ねる価値は大きい．いずれも事前に予約が必要である．

キリスト教の教会堂では，聖イサク大聖堂（*St. Isaac's Cathedral*），カザン寺院（*Kazansky Cathedral*），フラム・スパーサ・ナ・クラヴィ寺院（*Saviour Church*）等々見所が多い．ペトロ・パヴロフスク要塞内のペトロ・パヴロフス

サンクト・ペテルブルグ聖イサク大聖堂

サンクト・ペテルブルグ・ペトロ・パヴロフスク寺院

ク寺院は 122 m の金色の尖塔を備え一見の価値がある.
　時間が許せば，それぞれ 200 km 以内のノブゴドロ（Novgorod），プスコフ（Pskov）を訪れたい．古代から中世にかけて欧州の影響を受けて栄えたこれらの古都には，奥ゆかしい教会堂が少なからず現存しているという．

9：北欧とバルト沿岸の旅

資料-9 本章で訪ねた地名（教会堂）の略図

1：オーフス（Aarhus）
2：リーベ（Ribe）
3：オデンセ（Odense）
4：ロスキル（Roskilde）
5：コペンハーゲン（Copenhagen）
6：ルンド（Lund）
7：オスロ（Oslo）
8：トロンヘイム（Trondheim）
9：ストックホルム（Stockholm）
10：ウプサラ（Uppsala）
11：ヘルシンキ（Helsinki）
12：タリーン（Tallinn）
13：サンクト・ペテルブルグ（St. Peterburg）

10：ビザンチン（東方教会）の旅

ポイント

ローマ・カトリックと別れギリシャ正教として発展した東方教会（コンスタンチノーブル，ギリシャ，ブルガリア，ルーマニア）の教会堂を巡る

訪問地

イスタンブール（コンスタンチノーブル），アテネ，ロードス，エピダロス，ナフプリオ，ミストラ，ダフニ，オシオスルーカス，デルフィ，メテオラ，テッサロニキ，リラ，ソフィア，プロブディフ，バチコヴォ，ブカレスト，スチャバ，ブカレスト

第1日：コンスタンチノーブル（イスタンブール）

コンスタンチノーブルは，ビザンティン（東ローマ）帝国の首都として，長らくギリシャ正教の中心地であった．1453年にイスラムのメフメット2世に征服されて滅亡したが，以後，イスタンブールと呼ばれるようになり，今日に至っている．

イスタンブール・アヤ・ソフィア聖堂

イスタンブール（Istanbul）はヨーロッパとアジアに跨ったトルコ第一の大都会である．イスラム征服後は，その寺院であるモスクがおびただしく建設され今日に到っているが，有名な城壁に囲まれた旧市街には，幾つかのかつての教会堂の跡を訪れることができる．

旧市街の東端，トプカプ宮殿に近いアヤ・ソフィア聖堂（*Hagia Sophia*）は，6世紀にユスティニアヌス帝が建立し，以後約千年間ビザンチン帝国の宗教的シンボルであったギリシャ正教の大聖堂であった．イスラム征服後はモスクに変えられミナレット（イスラム寺院に附随する尖塔）の増設等をみたが，現在は古き大聖堂として観光客に解放されている．さすがに，外観，内陣の規模は雄大で見事である．

入り口の左方から緩い勾配の小道を経て2階のギャラリーへ出ると，素晴らしいイコンにお目にかかれる．イスラムにシックイで塗り込められており，前世紀になって発見された南ギャラリーのモザイク（*Deesis Mosaic*）によるイコンは中央のキリスト像の両脇に，左方にマリア，右方に洗礼者（*Saint John the Baptist*）と配置した秀作で，ビザンチン美術の代表格で，往時を偲ばせる．

旧市街の西北の城壁に近いカーリエ・モスクは，ビザンチン時代にはコーラ（*Chora*）修道院と呼ばれていたが，このビザンチン教会に残るモザイクもイコンとして高い評価を得ている．

☕ コーヒーブレイク：東方教会とイコン

ローマン・カトリックと袂を分かち，ビザンティン帝国で信仰されたキリスト教をギリシャ正教或いは東方教会という．その教会堂で特筆すべきは，カソリックの教会堂で見られるアプスに置かれた十字架に架けられたキリストの彫像等はなく，多くの宗教画（イコン）で飾られていることである．

イコンには，美しいフレスコ画が多いが，金地にあたかもビット・マップのように聖画の画素を張り付けたモザイクもあり，ビザンチン美術の価値を一層高めている．前者をフレスコ・イコン，後者をモザイク・イコンと称する．

イコンの様式には，ビザンティン様式とロシア様式がある．前者は，4世紀から15世紀まで，コンスタンチノーブルを中心とするビザンティン帝国で産出され，ギリシャ正教の伝統に基づくイコンであったが，イスラムによる征服後，西欧化が避けられなくなる．後者は，10世紀末にギリシャ正教がロシアに導入されロシア正教として隆盛を迎え，モスクワからサンクト・ペテルブルグと移りながらその独自の伝統に基づき発展する．

ギリシャの北部，テッサロニキに近いエーゲ海に突き出た半島の先端に位置するアトス山には，ギリシャ正教の総本山があり，今でも女人禁制の多くの修道院があり，ビザンチン美術の宝庫といわれている．ローマのバチカンと同様にアトスも独立国の形

を取っている．

　ビザンティン様式の流れをくむイコンとしてルーマニアや旧ユーゴスラビアが挙げられる．とくに，セルビア人によるイコンは，アトスに現存するヒランダル修道院に保存されている．

　なお，ビザンティン様式の美しいモザイクは，ラヴェンナ，ヴェネチア，ヴェネチア郊外のトルチェツロ島，パレルモの宮殿内のパラチネ礼拝堂，近郊のモンレアーレ，やや東方のチェファル等々イタリアの教会堂にも残されている．

第2日：イスタンブール，アテネへ

　イスタンブールから空路アテネ（Athina）へ飛ぶ．ギリシャの首都であるが，古代アテネの遺跡に恵まれている割には，キリスト教の立派な大聖堂や教会堂はあまり多くはない．しかし，旧市内で最古といわれる聖使徒教会をはじめ教会堂には，多くのフレスコによる美しいイコンが飾られている．

　アテネから，オリンピック競技の起源になった都市マラソンへ向けて，アテネの市街を抜けた郊外にペンテリ（Penteli）修道院がある．このギリシャ正教の修道院は規模も大きく，その教会堂には，やはり多くの美しいフレスコによるイコンが飾られており一見の価値がある．

第3日：アテネ，ロードスへ

　アテネからロードス（Rodos）島へは，空路約1時間である．1522年にイスラムのシュレイマン一世に追われるまでの約200年余，聖ヨハネ修道騎士団の本拠があった．現在では，大勢の観光客が押し寄せる東地中海最大のリゾートである．バラの花が咲き乱れ地中海の楽園と云われるこの島は古代からの史跡に事欠かないが，なんと云っても中世における十字軍の前線基地としての歴史には，厳然とした重みがある．島の北西にある空港からタクシーで約10分北上すると島の北端に到り，トルコ領の陸地が目と鼻の先に望める．さらに島の東海岸を南下すると城壁に囲まれた臨海の古城が目に入る．

　聖ヨハネ騎士団の砦で，城壁の中の旧市街には，遠方からは城そのものに見える威風堂々たる騎士団長の館や現在は考古学博物館になっている騎士団の病院等が残っている．だがトルコに明け渡したためか，キリスト教に殉じた生々しい雰囲気は払拭されており，その辺の雰囲気ではキリスト教のまま今日に到っているマルタ島には較ぶべくもない．しかし，颯爽とイスラムの大軍を相手に長期間対峙した騎士のロマンは，肌を刺して心に何かを伝えて

ギリシャ・ロードスの聖ヨハネ騎士団の城塞

くるようだ．

第4日：ロードス，アテネ，ナフプリオ，エピダロスへ

ロードスからアテネに飛び，空港でレンタカーを借りる．空港はアテネ市街の南約10 kmにあり，コリント海峡を経てペロポニソス半島に向かう高速道は市街地の北が起点であるので，市街地を通り抜けるための余裕ある時間を見積もっておく必要がある．コリント海峡，ミケーネを通過するとナフプリオに着く．160 km弱のドライブである．

ナフプリオ（Nafplio）はアルゴリコス湾に面した風光明媚な港町である．ギリシャが近代国家として機能した最初の首都といわれ，ヴェネチア，トルコに占領された歴史がある．湾内の小島ブルジイ島の要塞はその頃の記念物であるが，この町の景観を高めている．ここは教会堂の訪問というよりは，ミストラへの準備と休養を兼ねよう．ここの海岸沿いにはレストランが林立し，夏季にはヨーロッパ中からおびただしい客が訪れるリゾートである．

時間に余裕があるので，古代ギリシャの劇場の遺跡が残るエピダロス（Epidavros）を訪ねよう．片道約30 kmのドライブである．ギリシャ文明に感慨深い思索ができるのは，ここ，オリムピアとデルフィ辺りであろうか．

ギリシャ・ミストラのビザンチン教会堂の廃墟

第5日：ナフプリオ，ミストラ，ダフニ，アテネへ

ナフプリオから高速道にアクセスし南下すると，135 km 程のドライブでミストラ（Mistras）に着く．スパルタから西へ5 km 程入ったダイゲスト山の斜面に残る廃墟で，ビザンチン様式の多くの教会堂が残っている．13世紀頃築かれたこの街は18世紀のアルバニア軍の侵攻により壊滅したが，美しい壁画が残されている教会堂も少なくない．見学のルートが設定されているので，無人の遺跡もあまり迷うことなく巡れる．

ミストラの後は一路アテネを目指す．アテネの市街に差し掛かる郊外にダフニ（Dafni）修道院がある．この修道院はモザイクによるイコンで有名である．中世においては十字軍の活躍でアテネはフランスの支配下にあったため，ギリシャ正教ではなく，カソリックのシトー派修道院として建てられたフランス風の美しい修道院である．ギリシャ正教ではないが，周囲のビザンチン文化の影響か，美しいモザイクが現存している教会堂として有名である．なおギリシャ国内に現存するそれ以外のモザイクは，同様にシトー会の修道院であるオシオス・ルーカス（*Ossios Loukas*）修道院とヒオス島のネア・モニ（*Nea Moni*）教会堂のみである．

アテネ郊外のダフニ修道院

第6日：アテネ，オシオス・ルーカス，メテオラへ

アテネの西約150 kmにあるオシオス・ルーカスに向かう．有名な聖域の遺跡があるデルフィを目標に進み，その約30 km程手前である．幹線から分かれた細い山間の道を約10 km程走る山奥にあるが，修道院も優雅でありその付属教会堂の内陣に描かれたモザイクは実に素晴らしい．

そこからデルフィを経て山岳地帯を越え，ラミア（Lamia），トリカラ（Trikala）を通過し，約280 km程走ると中部ギリシャの聖所メテオラに着く．

メテオラ（Meteora）には14世紀以来ギリシャ正教の修道士たちが修業し

ギリシャ・オシオス・ルーカス修道院

ギリシャ・メテオラの山上修道院

たおびただしい数の修道院があるが，これらは奇岩の頂上に立てられた物で全く驚異に値する．

特に，メテオラで最も古いアギオス・ステファノ（*Agios Stefanos*）修道院はビザンチン美術の宝庫と云われ，最大のメガロ・メテオロン（*Megaro Metoro*）修道院には教会ドームに描かれた壁画が素晴らしく，アギア・トリアダ（*Aghia Triada*）修道院，アギオス・ニコラオス（*Agios Nikolaos*）修道院等も訪れる価値は大きい．宿泊はメテオラのすぐそばで，多くのホテルがあるカランバカ（Kalambaka）にしたい．

第7日：カランバカ，テッサロニキへ

カランバカから東に85 km程のラリッサ（Larissa）へ出て，以後高速道を150 km程走るとビザンチン都市テッサロニキ（Thessaloniki）に着く．ここは中世においては，ビザンチン帝国第二の都市であった．その後トルコに占領されたが，現在はギリシャ第二の都市である．ビザンチンスタイルの教会堂は多いが，特にアギオス・ディミトリオス（*Agios Dimitrios*）教会堂は，ギリシャで最も大きい教会堂である．

第8日：テッサロニキ，リラ，ソフィアへ

テッサロニキから北に140 km程でブルガリアの国境である．そこから北にさらに120 km程で，ブルガリアが世界に誇るリラ（Rila）の修道院がある．車で計5時間ほど，修道院を見学してもそこから120 km程北の首都ソフィアには夕刻には着ける．しかし，レンタカーでは越境できないことがあ

10：ビザンチン（東方教会）の旅

テッサロニキ・アギオス・ディミトリオス教会堂

る．事前の情報でそれが確認できた場合には，ブルガリアの友人に迎えてもらうか，国際列車を利用するしかない．

列車ではテッサロニキからソフィアまで 350 km 程の距離で現在のところ約 10 時間もかかるので，前夜発の夜行列車で当日朝ソフィアに着き，レンタカーを借りて，ゆっくりリラを訪れたらよい．一部の東欧では，西欧並には交通の流れがスムーズではないことにも配慮が必要である．

リラ修道院（*Rilski Monastir*）はブルガリア正教の総本山で，10 世紀頃開設されたという．僧坊に囲まれて教会堂があるが，その外壁，内壁に描かれている壁画は驚嘆すべきものである．

ブルガリア・リラ修道院

ソフィア・アレクサンドル・ネフスキー寺院

第9日：ソフィア，プロブディフ，バチコヴォへ

　ソフィア（Sofia）は，ブルガリア共和国の首都である．東側以外は山に囲まれ，山紫水明の古都である．ここには市内に有名なアレクサンドル・ネフスキー寺院（Aleksandar Nevski Memorial Church）がある．バルカン半島で最も大きく，美しい大聖堂といわれている．トルコからの解放戦争で戦死した20万人のロシア兵を慰霊するため，19世紀末に建てられた．特に，この寺院の地下室の宗教美術館に展示されている膨大なイコンは見学に値する．

　ソフィア郊外のボヤナ村には11世紀頃に建立された古い教会堂があり，その壁画は貴重な資料として厳重に保存され，一般の見学者にはそのヴィデオが紹介される．

　ソフィアから東南に130 km程の大都会がプロブディフ（Plovdiv）である．ブルガリアの誇る高速自動車道を一走りである．トラキア平原に位置し，ブルガリア第二の都市である．そこから約30 km程南の郊外にバチコヴォ修道院（Bachikovski Monastir）がある．

　この修道院はリラの修道院に次いでブルガリア第二の修道院といわれ，多くの優れたビザンチン美術は必見である．なお，この修道院は渓谷に立地し

ブルガリア・バチコヴォ修道院

ており，正門前の良質な湧き水は，フランスのルールドの聖水を想起させるものがある．その後，ソフィアに戻る．

第10日：ソフィア，ブカレストへ

ソフィアからルーマニアのブカレスト（Bucuresti）へは空路を利用する．スラブ民族に囲まれたラテン民族の国，ルーマニアはセンスあふれる国で，第二次大戦以前のブカレストはバルカンのパリともいわれていたという．しかし，価値観に乏しい小心者の共産主義者が大統領として永年にわたりこの国を私物化し，民族の文化を踏みにじり，12年ほど前の民主革命で失脚したのは，多くの知るところである．したがって，部分的にはそれらしい痕跡は見られるが，教会堂等は破壊されて現存しない．

2001年に訪れた筆者は2000年に新設された某アメリカンホテルに宿泊した．そのホテルは空港にデスクを出し，宿泊客をリムジンでホテルに送り届けていた．そのホテル内のイタリアンレストランでは料理も素晴らしかったが，ヴァイオリン，アコーデオン，ベースからなるバンドの演奏が実に素晴らしかった．今まで耳にしなかったようなサウンドは驚きであった．オリンピックの女子体操の演技同様，この民族の芸術や文化面における潜在能力のスゴサを肌で感じた．

スチェヴィッツア修道院外壁に書かれたフレスコ

第11日：ブカレスト，スチャバへ

ルーマニアのキリスト教文化は，ブカレストから約450 km も北，ウクライナ国境に近いモルダビア（Moldova）地方の古都スチャバ（Suceava）の近郊に散在する多くの修道院に保存されている．

スチャバの西30 km ほどに位置するアルボーレ（Arbore）修道院（Monastery），その西30 km 程のスチェヴィッツア（Scevita Monastery），その南10 km 程のモルドヴィッツァ（Moldovita Monastery），その北東30 km 程のフモール（Humor Monastery），その10 km 程南のヴォロネッツ（Voronet Monastery）の五つの修道院に代表されるキリスト教文化は，優雅な壁画を始め他のビザンチン文化とも一色異なる魅力的なものである．カトリック文化圏において，イタリアの教会堂の装飾に対してフランスのそれは押さえ気味であるのと同様に，ビザンチン文化圏においてブルガリアの修道院のイコンの鮮明さに対してルーマニアのそれが多少押さえ気味であることを対比してもよいのではないか．

第12日：スチャバ，ブカレスト

修道院巡りの後，ブカレストに戻るが，運転者の予備を兼ねるガイドが必

要であるが，ホテルにもうけられているトラヴェル・デスクがサポートしてくれるであろう．

☕ コーヒーブレイク：その他のビザンチン

　ビザンチン文化は，知れば知るほど魅力が倍加する．今回は紛争その他で割愛したが，事情や時間が許せば以下の教会堂とイコン巡りはさらに魅力的であろう．
　a：ユーゴスラビア：セルビア正教の修道院ストーデニツァ（*Studenica*）等
　b：マケドニア：オフリト（**Ohrid**）湖畔のビザンチン教会堂等
　c：ウクライナ：キエフの聖ソフィア大聖堂等
　d：ロシア：モスクワのトレチャコフ美術館等

資料-10 本章で訪ねた地名（教会堂）の略図

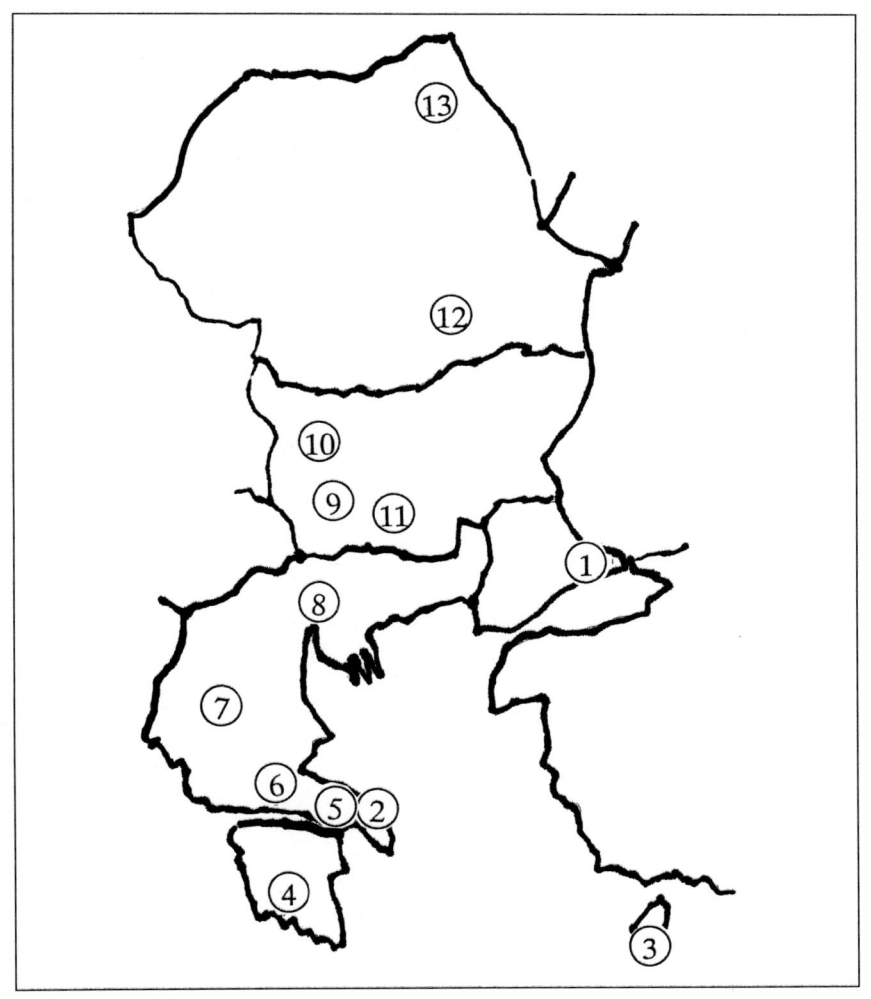

1：イスタンブール（Istanbul）
2：アテネ（Athina）
3：ロードス（Rodos）
4：ミストラ（Mistras）
5：ダフニ（Dafni）
6：オシオス・ルーカス（Ossios Loukas）
7：メテオラ（Meteora）
8：テッサロニキ（Thessaloniki）
9：リラ（Rila）
10：ソフィア（Sofia）
11：バチコヴォ（Bachikovski）
12：ブカレスト（Bucuresti）
13：スチャバ（Suceava）

資料-11 有名な教会堂と所在地

Aachen	(G)	Dom**	Autun	(F)	Cathedrale**
Aarhus	(DK)	Domkirke	Auxerre	(F)	Cathedrale**
Aberdeen	(UK)	St Machar's Cathedral**	Avignon	(F)	Palais des Papes***
Aix-en-Provence	(F)	Cathed. St-Sauveu (cloitre*)	Avila	(E)	Catedral**
			Avila	(E)	Basilica de San Vicente**
Alatri	(I)	Chiesa di Santa Maria Maggiore*	Bachikovski	(BU)	Monastir
			Bamberg	(G)	Dom**
Albi	(F)	Cathedrale***	Barcelona	(E)	Sagrada Familia**
Alcobaca	(P)	Mosteiro de Sta.Maria**	Barcelona	(E)	Catedral**
Almeria	(E)	Catedral*	Bari	(I)	Cattedrale*
Altamura	(I)	Cattedrale	Bari	(I)	Basilica di San Nicola**
Altotting	(G)	Pfarrkirche St-Philippus und Jakabus	Basel	(CH)	Munster**
			Batalha	(P)	Mosteiro***
Amalfi	(I)	Duomo di Sant'Andrea*	Bath	(UK)	Abbey
Amiens	(F)	Cathedrale***	Bayeux	(F)	Cathedrale**
Amsterdam	(NL)	Nieuwe Kerk*	Bayonne	(F)	Cathedrale*
Anagni	(I)	Cattedrale**	Beaulieu-sur-Dordogne	(F)	Eglise*
Ancona	(I)	Duomo San Ciriaco*	Beauvais	(F)	Cathedrale***
Angers	(F)	Cathedrale**	Bergamo	(I)	Battistero*
Angouleme	(F)	Cathedrale*	Bergamo (2)	(I)	Bas. di Santa Maria Maggiore*
Antwerpen	(B)	Cathedrale. (Onze-Lieve Verou)***	Berlin	(G)	Dom
Aosta	(I)	Cattedrale	Berlin	(G)	Marien Kirche
Aosta	(I)	Collegiata di S.Orso	Bern	(CH)	Munster St-Vincenz
Aquileia	(I)	Basilica**	Bethlehem	(IL)	Basilica Nativity
Arcos de la Frontera	(E)	Iglesia de Santa Maria	Bitonto	(I)	Chiesa
			Bologna	(I)	Chiesa di Santo Stefano**
Arles	(F)	St.Trophime*	Bologna	(I)	Basilica di San Petronio**
Assisi	(I)	Chiesa di Santa Chiare**	Bordeaux	(F)	Cathedrale*
Assisi	(I)	Convento di San Damiano*	Bordeaux	(F)	Eglise Notre-Dame*
Assisi	(I)	Duomo San Rufino*	Bordeaux	(F)	Eglise Ste Croix (facade*)
Assisi	(I)	Basilica di San Francesco***	Bordeaux	(F)	Basilique St. Michel*
			Boston	(UK)	St-Botolph's Church*
Astorga	(E)	Catedral*	Bourg-en-Bresse	(F)	Eglise de Brou**
Athina	(GR)	Daphni Monastiri**	Bourges	(F)	Cathedrale***
Athos	(GR)	Monastery	Bouzov	(CZ)	Abbey/Castle
Aubazine	(F)	St-Etienne (tomb**)	Braga	(P)	Se Catedral*
Auch	(F)	Cathedrale Ste-Marie *	Brantome	(F)	Eglis abbatiale (clocher**)
Augsburg	(G)	St-Ulrich und St-Afra Kirche*	Bratislava	(SK)	Dom sv. Martina
			Braunschweig	(G)	Dom*
Augsburg	(G)	Dom (Sudportal**)	Breda	(NL)	Grand eglise ou Eglise N-D*
Aulnay	(F)	Eglise St-Pierre**	Bremen	(G)	Dom St-Petri*

Brioude	(F)	Basilique St-Julien**	Clermont Ferrand	(F)	Basilique de ND du Port**
Bristol	(UK)	Clifton R.C.Cathedral**	Cluny	(F)	Anc. Abbaye*
Bristol	(UK)	Cathedral*	Coimbra	(P)	Se Velha*
Brno	(CZ)	Katedrala Sv. Petra a sv. Pavla	Coimbra	(P)	Mosteiro de Santa Cruz*
			Colmar	(F)	Eglise St-Martin*
Brno	(CZ)	Chram Sv. Jakuba	Como	(I)	Cathedral
Brugge	(B)	Basilique du St. Sauveur*	Condom	(F)	Cathedrale St-Piere*
Brugge	(B)	Eglise Notre-Dame*	Conques	(F)	Eglise Ste-Foy**
Brugge	(B)	Basiliek (Holy Blood)	Copenhagen	(DK)	Marblekirche
Brussel	(B)	Eglise Notre-Dame du Sablon*	Copenhagen)	(DK)	Holmenskirche
			Cordoba	(E)	Mezquita***Catedral
Brussel	(B)	Cathedrale St-Michel**	Coria	(E)	Catedral*
Bucaresti	(Ro)	Biserica Cretulescu	Coutances	(F)	Cathedrale***
Buckfast	(UK)	Abbey	Covadonga	(E)	Monasterio
Budapest	(H)	Szt. Istvan-bazilika*	Coventry	(UK)	St Michael's Cathedral***
Budapest	(H)	Matyas-templom**	Coventry	(UK)	Old Cathedral* (ruins)
Burgos	(E)	Monast. de la Huelgas Reales**	Cremona	(I)	Duomo**
			Cuenca	(E)	Catedral*
Burgos	(E)	Catedral***	Czestochowa	(PL)	Jasna Gora
Cadiz	(E)	Catedral	Den Bosch	(NL)	Cathedrale St-Jean**
Caen	(F)	Abbaye aux Hommes**	Devizes	(UK)	St-John's Church**
Caen	(F)	Eglise de la Trinite**	Dijon	(F)	Eglise St-Michel*
Cahors	(F)	Cathedrale*	Dijon	(F)	Eglise Notre-Dame*
Cambridge	(UK)	King's College Chapel***	Dinkelsbuhl	(G)	St-Georg-Kirche*
Canterbury	(UK)	Christ Church Cathedrale***	Dol	(F)	Cathedrale**
			Dordrecht	(NL)	Grand Eglise ou eglise ND*
Carennac	(F)	Portail* de l'eglise	Dresden	(G)	Hof Kirche,Kreuzkirche*
Casamari	(I)	Abbazia**	Dryburgh	(UK)	Abbey***
Cefalu	(I)	Cattedrale**	Dublin	(IR)	St. Patrick's Cathedral*
Celanova	(E)	Monasterio (claustro**)	Dublin	(IR)	Christ Church Cathedral**
Chalons-sur-Marne			Durham	(UK)	Cathedrale***
	(F)	Notre-Dame (cloitre**)	Echternach	(L)	Abbaye*
Chalons-sur-Marne			Edinburgh	(UK)	St Giles'Cathedral*
	(F)	Cathedrale**	Edinburgh	(UK)	Abbey Holyroodhouse**
Charlieu	(F)	Ancienne abbaye*	Eger	(H)	Cathedral
Chartres	(F)	Cathedrale***	Einsiedeln	(CH)	Klosterkirche
Chartreuse	(F)	Abbaye	El Burgo de Osma	(E)	Catedral*
Chatel Montagne	(F)	Eglise	El Escorial	(E)	Monasterio***
Chauvigny	(F)	Eglise St-Pierre*	Elne	(F)	Cloitre**
Chester	(UK)	St-John's Church*	Ely	(UK)	Cathedral** (nove***)
Chester	(UK)	Cathedral**	Erfurt	(G)	Severi-Kirche*
Chichester	(UK)	Cathedral*	Erfurt	(G)	Dom**
Ciudad Rodrigo	(E)	Catedral*	Essen	(G)	Munster**
Clermont Ferrand	(F)	Cathedrale**	Estella	(E)	Iglesia de San Pedro

資料－11 有名な教会堂と所在地

		(claustro*)	Hamburg	(G)	St-Michaelis*
Estella	(E)	Iglesia de San Miguel	Hambye	(F)	ruines de l'abbaye**
Esztergom	(H)	Bazilika	Hannover	(G)	Marktkirche
Evora	(P)	Se**	Helsinkii	(Fin)	Temppeliaukion kirkko
Evora	(P)	Igreja de Sao Francisco*	Helsinkii	(Fin)	Tuomiokirkko
Evreux	(F)	Cathedrale*(chasse**	Helsinkii	(Fin)	Uspenski Tuomiokirkko
		St-Taurin)	Hereford	(UK)	Cathedral**
Evron	(F)	Chapelle N-D de l'Epine**	Hildesheim	(G)	St-Michaelis-Kirche*
Exeter	(UK)	Cathedral**	Hildesheim (2)	(G)	Dom*
Falfa	(I)	Abbazia	Hios	(GR)	Nea Moni
Fatima	(P)	Basilica	Horezu	(Ro)	Monastery
Fecamp	(F)	Eglise de la Trinite**	Hossios Loukas	(GR)	Monastiri
Ferrara	(I)	Duomo**	Insbruck	(A)	Dom zu St. Jacob
Firenze	(I)	Duomo**	Irache	(E)	Monasterio de Irache*
Firenze	(I)	San Lorenzo***	Issoire	(F)	Anc abbatiale St-
Firenze	(I)	Santa Croce**			Austremoine**
Firenze	(I)	Santa Maria Novella**	Istanbul	(TR)	Hagia Sophia
Firenze	(I)	Convento di San Marco**	Istanbul	(TR)	Chora Abbey
Flaran	(F)	Abbaye*	Jaca	(E)	Catedral*
Fontenay	(F)	Abbaye***	Jaen	(E)	Catedral
Fontevraud	(F)	Abbaye**	Jedburgh	(UK)	Abbey**
Fontfroide	(F)	Abbaye**	Jersalem	(IL)	Church of Holy-Sepuchre
Fossanova	(I)	Abbazia**	Jumieges	(F)	Ruines de l'abbaye***
Fountains	(UK)	Abbey***	Kiedrich	(G)	Kloster Eberbach*
Frankfurt	(G)	Dom*	Klosterneuburg	(A)	Kloster
Freiburg	(G)	Munster**	Koln	(G)	Dom***
Frejus	(F)	Cathedrale* (cloitre**)	Konstanz	(G)	Munster*
Fromista	(E)	Iglesia de San Martin**	Kortrijk	(B)	Eglise Notre-Dame*
Geneve	(CH)	Cathedrale St Pierre	Krakow	(PL)	Wawel Cathedral
Gennes	(F)	Eglise** de Cunault	Krakow	(PL)	Bazylika Mariacka
Genova	(I)	Cattedrale di San Lorenzo	la Chaise-Dieu	(F)	Eglise abbatiale**
Gent	(B)	Cathedrale St-Bavon**	la Charite-sur-Loire		
Gerona	(E)	Catedral* (nave**)		(F)	Eglise Notre-Dame**
Glasgow	(UK)	Cathedrale***	la Ferte-Bernard	(F)	Eglise N-D-des Marais**
Glastonbury	(UK)	Abbey***	La Oliva	(E)	Monasterio**
Gloucester	(UK)	Cathedral**	Landivision	(F)	enclos
Gouda	(NL)	Eglise St-Jean*	Landshut	(G)	St-Martinskirche*
Gracanica	(Yu)	Abbey	Laon	(F)	Cathedrale Notre-Dame**
Granada	(E)	Catedral	L'Aquila	(I)	Basilica Santa Maria di
Guadalupe	(E)	Monasterio**			Collemaggio*
Guarda	(P)	Catedral*	L'Aquila	(I)	Basilica di San
Haarlem	(NL)	G. eglise ou eglise St-			Bernardino**
		Bavon*	Lausanne	(CH)	Cathedrale
Halle	(B)	Basilique**	Lavaudieu	(F)	eglise et cloitre*

資料-11 有名な教会堂と所在地　(153)

le Bec-Hellouin	(F)	Abbaye	Luzern	(CH)	Hofkirche
le Mans	(F)	Cathed. St-Julien** (chevet***)	Lyon Lyon	(F) (F)	St-Jean* Basilique N-D de
le Mans	(F)	Abbaye Notre-Dame de l'Epau*	Lyre	(E)	Fourviere** Monasterio**
le Mont St. Michel	(F)	Abbaye***	Maastricht	(NL)	Basilque Notre-Dame*
le Puy	(F)	Chapelle St-Michel d'Aiguilhe**	Maastricht Madrid	(NL) (E)	Basilique St-Servais* Colegiata San Isidoro
le Puy	(F)	Cathedrale***	Mafra	(P)	Monastery
le Thoronet	(F)	Abbaye du Thoronet**	Magdeburg	(G)	Dom***
Lecce	(I)	Duomo**	Mainz	(G)	Dom*
Lecce	(I)	Basilica de Santa Croce**	Malaga	(E)	Catedral*
Leipzig	(G)	Thomas Kirch (Bach)	Malbork	(PL)	Marienburg
Leon	(E)	San Isidoro*	Malmo	(S)	Catedral
Leon	(E)	San Marcos	Mantes	(F)	Collegiale Notre-Dame*
Leon	(E)	Catedral***	Marburg	(G)	Elisabethkirche**
L'Epine	(F)	Basilique Notre-Dame**	Maria Laach	(G)	Abteikirche*
Leuven	(B)	Collegiale St-Pierre*	Marmoutier	(F)	Eglise**
Lichfield	(UK)	Cathedral**	Marseille	(F)	Basilique N-D de la
Lichtenfels	(G)	Wallfahrtskirche**			Garde***
Liege	(B)	Eglise St-Jacques**	Maulbronn	(G)	Zisterzienserkloster**
Liege	(B)	Cathedrale St-Paul*	Meaux	(F)	Cathedrale*
Lier	(B)	Eglise St-Gommaire**	Mechelen	(B)	Cathedrale St-Rombaut**
Limburg	(G)	Dom	Melk	(A)	Kloster***
Limoges	(F)	Cathedrale St-Etienne*	Melrose	(UK)	Abbey**
Lincoln	(UK)	Cathedral***	Meteora	(GR)	Agios Stefanos
Lisboa	(P)	Se*	Meteora	(GR)	Megaro Metro
Lisboa	(P)	Mosteiro dos Jeronimos**	Meteora	(GR)	Aghia Triada
Lisieux	(F)	Basilique Ste-Therese	Meteora	(GR)	Agios Nikolaos
Lisieux	(F)	Cathedrale St-Pierre*	Metz	(F)	Cathedrale St-Etienne***
Liverpool	(UK)	Metropolitan (RC) Cathedral*	Milano Milano	(I) (I)	Duomo*** Ch. di Sta Maria delle
Liverpool	(UK)	Anglican Cathedral*			Grazie*
London	(UK)	Westminster Abbey***	Minden	(G)	Dom**
London	(UK)	St. Paul's Cathedral***	Mistras	(GR)	Ruin of Church
Loreto	(I)	Santuario della Santa Casa**	Modena Moissac	(I) (F)	Duomo** Eglise St-Pierre*
Lourdes	(F)	Basil. souterraire St-Pie X	Molfetta	(I)	Duomo
Lubeck	(G)	Marienkirche**	Molfetta	(I)	Cattedrale*
Lucca	(I)	Duomo**	Monreale	(I)	Duomo***
Lucca	(I)	Chiesa di San Michele*	Mons	(B)	Collegiale Ste-Waudru**
Lugo	(E)	Catedral*	Monte Olviato	(I)	Monastery
Lund	(S)	Church	Montecassino	(I)	Abbazia**
Luxembourg	(L)	Cathedrale Notre-Dame*	Montmajour	(F)	Ruines de l'abbaye*

資料-11 有名な教会堂と所在地

Montserrat	(E)	Monasterio	Palermo	(I)	Chiesa di San Giovanni degli Eremiti**
Moulins	(F)	Cathedrale Notre-Dame*			
Munchen	(G)	Frauen-kirche**	Palermo	(I)	Cappella Palatina***
Munchen	(G)	Asamkirche*	Palma de Mallorca	(E)	Catedral**
Munster	(G)	Dom*	Pamplona	(E)	Catedral*
Murcia	(E)	Catedral*	Pannonharma	(H)	Abbaye
Mustail	(CH)	Klosterkirche	Paray le Monial	(F)	Basilique du Sacre-Coeur**
Najera	(E)	Monast de S Maria la Real*			
Namur	(B)	St Loup	Paris	(F)	Sacre-ceoar**
Nantes	(F)	Cathedrale	Paris	(F)	St. Germain des Pres**
Napoli	(I)	Duomo	Paris	(F)	St.Severin**
Napoli	(I)	Gesu Nuovo	Paris	(F)	St.Sulpice**
Napoli	(I)	Chiesa di Santa Chiara**	Paris	(F)	Ste Chapelle***
Narbonne	(F)	Cathedrale St-Just**	Paris	(F)	St-Etienne du Mont**
Nevers	(F)	St-Etienne	Paris	(F)	Cathedrale Notre-Dame***
Nevers	(F)	Cathedrale*			
Nivelles	(B)	Collegiale Ste-Gertrude**	Parma	(I)	Duomo**
Nordlingen	(G)	St-Georg-Kirche*	Parma	(I)	Battistero***
Norwich	(UK)	Cathedral**	Passau	(G)	Dom*
Novgorod	(Ru)	Church	Pavia	(I)	Certosa di Pavia***
Noyon	(F)	Cathedrale**	Penteli	(GR)	Monastiri
Nurnberg	(G)	St-Sebalduskirche*	Perigueux	(F)	Eglise St-Etienne de la Cite*
Nurnberg	(G)	ST-Lorenz-kirche*			
Odense	(DK)	Skt. Knud Cathedral	Perigueux	(F)	Cathedrale St-Front*
Ohrid	(Mk)	Church	Perugia	(I)	Chiesa di San Pietro**
Olomouc	(CZ)	Kostel Sv Morice	Perugia	(I)	Cattedrale*
Oloron-Ste-Marie			Peterborough	(UK)	Cathedral*
	(F)	Eglise Ste-Marie	Piacenza	(I)	Duomo*
Oostende	(B)	St. Peter & Paul's	Pisa	(I)	Duomo**
Orcival	(F)	Basilique Notre-Dame**	Pisa	(I)	Battistero***
Orense	(E)	Catedral*	Pistoia	(I)	Chiesa di Sant'Andrea
Orleans	(F)	Cathedrale Ste-Croix*	Pistoia	(I)	Duomo*
Orvieto	(I)	Duomo***	Plasencia	(E)	Catedral*
Oslo	(N)	Domkirken	Poblet	(E)	Monasterio***
Ostabat	(F)	Camino de Santiago	Poitiers	(F)	Cathedrale*
Ottobeuren	(G)	Klosterkirche***	Poitiers	(F)	Eglise Notre-Dame la Grande**
Oviedo	(E)	San Miguel de Lillo*			
Oviedo	(E)	Santa Maria del Naranco**	Poitiers	(F)	Baptistere St-Jean*
Oviedo	(E)	Catedral*	Pomposa	(I)	Abbazia**
Oxford	(UK)	Christ Church College**	Porto	(P)	Se*
Padova	(I)	Basilica del Santo**	Porto	(P)	Igreja Sao Francisco*
Paestum	(I)	Basilica**	Praha	(CZ)	Katedrala sv. Vita Marcepred
Palencia	(E)	Catedral**			
Palermo	(I)	Cattedrale*	Praha	(CZ)	Tynem (Notre-Dame)

(154)

Praha	(CZ)	Bazilika sv. Jiri	Saintes	(F)	Abbaye aux Dames*
Prato	(I)	Duomo*	Salamanca	(E)	Convento de San Esteban*
Pskov	(Ru)	Church	Salamanca	(E)	Catedral Nueva**& Vieja**
Puente la Reina	(E)	Iglesia Santiago	Salerno	(I)	Duomo**
Puente la Reina	(E)	Iglesia del Crucifijo	Salisbury	(UK)	Cathedral***
Quimper	(F)	Cathedrale Saint Corentin**	Salzburg	(A)	St.Peter's Church**
Quimperle	(F)	Eglise Ste-Croix**	Salzburg(2)	(A)	Dom*
Ravenna	(I)	Bas. di Sant' Apollinare in Nuovo**	Samos	(E)	Monasterio
			San Clemente A Casauria		
Ravenna	(I)	Chiesa di San Vitale**		(I)	Abbazia**
Ravenna	(I)	Bas. di Sant' Apollinare in Classe**	San Cugat del Valles	(E)	Monasterio*
Regensburg	(G)	Dom*	San Gimignano	(I)	Collegiata*
Reims	(F)	Cathederale***	San Juan de la Pena		
Reims	(F)	Basilique St-Remi**		(E)	Monasterio**
Rennes	(F)	Retable** de la cath. St-Pierre	San Marino	(I)	Church
			San Miguel de Escalada		
Rhodes	(GR)	Abbey/Castle		(E)	Monasterio
Ribe	(DK)	Church	San Millan de la Cogolla		
Rievaulx	(UK)	Abbey ruins (12-13c)**		(E)	Suso*& de Yuso
Rila	(BU)	Monastir	San Salvatore	(I)	Abbey
Ripoll	(E)	Monasterio Santa Maria*	Sanguesa	(E)	Iglesia de Santa Maria la Real*
Ripon	(UK)	Cathedral*			
Rocamador	(F)	Eglise Notre-Dame	Santa Maria de Huerta		
Rodez	(F)	Cathederale Notre-Dame**		(E)	Monasterio*
Roma	(I)	Gesu***	Sante Cristina de Lena		
Roma	(I)	San Giovanni in Laterano***		(E)	pre-romanesque church
			Santes Creus	(E)	Monasterio**
Roma	(I)	San Paolo Fuori le Mura***	Santiago de Compostela		
				(E)	Colegiata de Sta. Maria del Sar*
Roma	(I)	Santa Maria in Trastevere*			
Roma	(I)	Santa Maria Maggiore***	Santiago de Compostela		
Roma	(I)	Santa Maria Sopra Minerva*		(E)	Catedral***
			Santillana del Mar	(E)	Colegiata*
Roma	(I)	Basilica di San Pietro***	Santuario d'Oropa	(I)	Santuario
Ronchamp	(F)	Chapelle**	Saulieu	(F)	Basilique St-Andoche*
Roskilde	(DK)	Cathedral	Segovia	(E)	Catedral**
Rothenburg.	(G)	St-Jakob-kirche	Selby	(UK)	Abbey**
Rouen	(F)	Eglise St-Maclou**	Senanque	(F)	Abbaye**
Rouen	(F)	Eglise St-Quen**	Senlis	(F)	Cathedrale Notre-Dame**
Rouen	(F)	Cathedrale***	Sens	(F)	Cathedrale**
Sacra di San Michele			Seo de Urgel	(E)	Catedral de Santa Maria**
	(I)	Abbazia***	Serrabone	(F)	Le Prieure**
Saintes	(F)	Cathedrale St-Pierre	Sevilla	(E)	Catedral***

資料-11 有名な教会堂と所在地

Sherborne	(UK)	Abbey**	St-Guilhem-le-Desert		
Shrewsbury	(UK)	Abbey Church (11-14c)*		(F)	Abbaye**
Siena	(I)	Duomo***	St-Hubert	(B)	Interieur** de la Basilique*
Siguenza	(E)	Catedral**	St-Jean de Luz	(F)	Eglise St-Jean-Baptiste**
Silvacane	(F)	Abbaye**	St-Joan de les Abadesses		
Sofia	(BU)	Boyanachurch		(E)	Monasterio*
Sofia	(BU)	Alexander Nevsky Memory Church	St-Martin de Canigue	(F)	Abbaye**
Soignies	(B)	Collegiale St-Vincent**	St-Mawes	(UK)	St Just-in-Roseland Church***
Soissons	(F)	Cathedrale*			
Soissons (2)	(F)	Anc abb. de St-Jean des Vignes**	St-Maximin de la St Baume	(F)	Basilique**
Solesmes	(F)	St de Solesmes** dans eglise abb*	St-Michel de Cuxa	(F)	Abbaye**
			St-Nectaire	(F)	Eglise**
Solignac	(F)	eglise abbatiale**	Stockholm	(S)	Storkyrkan (cathedral)**
Soria	(E)	Iglesia de Santo Domingo*	Stockholm	(S)	Riddarholmskyrkan**
Soria	(E)	San Juan de Duero (claustro*)	St-Omer	(F)	Cathedrale Notre-Dame**
			Strasbourg	(F)	Cathedrale***
Soria	(E)	Catedral de San Pedro (claustro*)	St-Savin	(F)	Eglise abbatiale**
			St-Thegonnec	(F)	enclos parossial de St-Thegnnec**
Souillac	(F)	Anc Eglise abbatiale			
Souvigny	(F)	St-Pierre**	St-Thegonnec	(F)	enclos parossial de Guimilian**
Speyer	(G)	Dom**			
Spoleto	(I)	Duomo**	Studenica	(Yu)	Monastery
St Domingo de la Calzada			St-Wandrille Rancon		
	(E)	Catedral*		(F)	Abbaye**
St Domingo de Silos			Sucerva	(Ro)	Arbore Monastery
	(E)	Monas.** (claustro***)	Sucerva	(Ro)	Scevita Monastery
St.Peterburg	(Ru)	Kazansky Cathedral	Sucerva	(Ro)	Moldvita Monastery
St.Peterburg	(Ru)	St. Isaac's Cathedral	Sucerva	(Ro)	Humor Monastery
St.Peterburg	(Ru)	Saviour Church	Sucerva	(Ro)	Voronet Monastery
St-Albans	(UK)	Cathedral*	Tahull	(E)	San Clemente
St-Amand	(F)	Anc abbaye de Noirlac**	Tallinn	(EW)	Church of St-Olaus
St-Andrews	(UK)	Cathedral*	Tarazona	(E)	Catedral*
St-Benoit-sur-Loire			Tarragona	(E)	Catedral*
	(F)	Basilique**	Taunton	(UK)	St-Mary Magdalene's Church**
St-Bertrand de Comminges					
	(F)	"Basilique St-Just*, Cathedrale*"	Teruel	(E)	Catedral
			Tessaloniki	(GR)	Rotonda
St-Brieuc	(F)	Cathedrale*	Tessaloniki	(GR)	Agia Sofia, Agios Dimitrios
St-Davids	(UK)	Cathedral**	Tewkesbury	(UK)	Abbey Church (ruins)*
St-Denis	(F)	Cathedrale***	Thann	(F)	Collegiale St-Thiebaut**
St-Gallen	(CH)	Abbey**	Tintern	(UK)	Abbey**
St-Gilles	(F)	Eglise (facade** et crypte*)	Todi	(I)	Duomo*

資料－11 有名な教会堂と所在地

Todi	(I)	Chiesa di San Fortunato**	Venezia	(I)	San Giorgio Maggiore**
Toledo	(E)	Catedral***	Venezia	(I)	San Zanipolo**
Tolentino	(I)	Basilica di San NIcola**	Venezia	(I)	Santa Maria della Salute**
Tomar	(P)	Convento de Cristo**	Venezia	(I)	Santa Maria Gloriosadei Frari**
Tongeren	(B)	Basilique Notre-Dame**			
Tortosa	(E)	Catedral*	Venezia	(I)	Basilica San Marco***
Toul	(F)	Cathedrale St-Etienne**	Verona	(I)	Chiesa di San Zeno Maggiore**
Toulouse	(F)	Cathedrale*			
Toulouse	(F)	Les Jacobins**	Veruelu	(E)	Iglesia abacial**
Toulouse	(F)	Basilique St-Sernin***	Vezelay	(F)	Basilique Ste-Madeleine***
Tournai	(B)	Cathedrale Notre-Dame***	Vic	(E)	Catedral*
Tournus	(F)	Eglise St-Philibert**	Vicenza	(I)	Basilica**
Tours	(F)	Cathedrale**	Vienne	(F)	Eglise St-Andre-le-Bas*
Trani	(I)	Cattedrale**	Vienne	(F)	Cathedrale St Maurice**
Treguier	(F)	Cathedrale St-Tugdual**	Virgen de la Cabeza		
Trento	(I)	Duomo*		(E)	Santuario
Treviso	(I)	Chiesa di San Nicolo*	Viseu	(P)	Se*
Trier	(G)	Liebfrauenkirche**	Volterra	(I)	Duomo e Battistero*
Trier	(G)	Dom*	Wareham	(UK)	St-Martin's Church**
Trieste	(I)	Cattedrale	Warszawa	(PL)	KoscioL w. KRZYZA
Troia	(I)	Chiesa	Warszawa	(PL)	Cathedral
Trondheim	(N)	Nidaros	Watchet	(UK)	Cleave Abbey**
Troyes	(F)	Cathedrale**	Weingarten	(G)	Basilika**
Tudela	(E)	Catedral*	Wells	(UK)	Cathedral***
Tuscania	(I)	Chiesa di Santa M*	Wien	(A)	Stephansdom***
Tuscania	(I)	Chiesa di San Pietro**	Wien	(A)	Karlskirche**
Tuy	(E)	Catedral*	Wies	(G)	Kirche**
Ubeda	(E)	Iglesia de San Salvador**	Winchester	(UK)	Cathedral***
Ulm	(G)	Munster***	Windsor	(UK)	St George's Chapel***
Uppsala	(S)	Cathedral**	Worcester	(UK)	Cathedral**
Utrecht	(NL)	Cathedrale(tour**)	Worms	(G)	Dom**
Valbona de les Monges			Wurzburg	(G)	St-Alfons-kirche*
	(E)	Monasterio	York	(UK)	Minster***
Valencia	(E)	Catedral*	Yuste	(E)	Monasterio de Carlos V
Valladolid	(E)	Iglesia de San Pablo	Zamora	(E)	Catedral*
Valladolid	(E)	Catedral*	Zaragoza	(E)	La Seo**
Valletta	(Ma)	St. Paul's Church	Zaragoza	(E)	Basilica de Nuestra Senora del Pilar*
Valletta	(Ma)	St. John's Church			
Vannes	(F)	Cathedrale*	Zoutleeuw	(B)	eglise St-Leonard**
Vendome	(F)	Eglise abbatiale**	Zurich	(CH)	Glossmunster
Venezia	(I)	Cattedrale di Santa Maria Assunta**	Zwiefalten	(G)	Ehemalige Klosterkirche**

資料-11 有名な教会堂と所在地

国別コード
A：オーストリア
B：ベルギー
BU：ブルガリア
CH：スイス
CZ：チェク
DK：デンマーク
E：スペイン
EW：エストニア
F：フランス
Fin：フィンランド
G：ドイツ
GR：ギリシャ
H：ハンガリー
I：イタリー
IR：アイルランド
IL：イスラエル
L：ルクセンブルグ
Mal：マルタ
Mk：マケドニア
N：ノルウェイ
NL：オランダ
P：ポルトガル
PL：ポーランド
Ro：ルーマニア
Ru：ロシア
S：スウェーデン
SK：スロヴァキア
TR：トルコ
UK：英国
YU：ユーゴスラビア

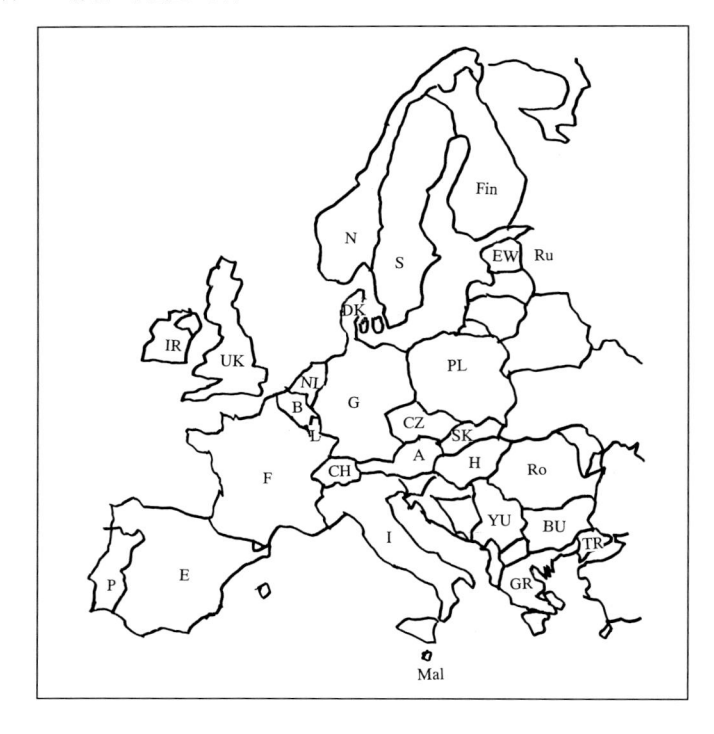

あとがき

　ペンを置くに当たり多くのことが脳裏を横切る．読者にお許しを頂き，さらに少しだけ付け加えたい．

　本書をまとめている最中にテロが発生し，連日マスコミの話題になった．その背景として，ユダヤ教から生まれたキリスト教，イスラム教の異文化間のバリアが浮上している．本書はキリスト教文化を訪ねる旅を題材にしたが，一神教の厳しさはいずこの教会堂を訪ねても感じ取れた．それは，ある意味でデジタルであり，我々日本人の多くが抱くアナログ的な感性とは対極の存在であろう．21世紀はテロで明けたが，世界平和のための緩衝には，アナログ的な感性の投入が必須になるのではないか．すなわち我々日本人の多面的な世界への関わりが極めて重要になると考える．大学改革もそれを慎重に考慮しなければ価値の低いものになろう．

　筆者は，複雑なシステムを制御する専門から，関連する国際学会の役員として世界を飛び回り，それなりの国際化を実践してきた．他方国内的には，いくつかの学会長を務めた延長として日本学術会議の会員に任命され，狭隘な専門的思考から離れ，俯瞰的な視点から従来の専門を見直すことの重要性を痛感している．

　国際化を俯瞰的にとらえ，それを講義に生かす絶好の機会が教養科目「外国の文化」の担当として課せられた．文・理系6学部の学生へのこの講義を俯瞰的視点の原点として位置付け，大学に於ける教養の大切さ，知の体系の重要さを学生と共に学ぶ幸運に浴した．

　その延長の枝葉の一つとして本書の刊行に挑戦することを考えた．しかし，この面で全く素人の筆者は人文系の出版社との強い接点があろう筈が無かった．そこで，専門書の刊行で度々お世話になっている(株)養賢堂の及川　清社長に助けて戴くことになった．心から感謝する次第である．また本書の編集にご尽力頂いた同社取締役矢野勝也氏にも併せて感謝する．

　また本書の一部には「新教壇」誌に掲載の筆者の拙文を引用した．同誌の編集長である(財)日本宗教研究会理事長の小澤行雄先生にこの場を借りて御礼を申し上げる．

　　平成14年 新春

　　　　　　　　　　　　　　　　　　　　　　　　橋　本　康

JCLS	〈㈱日本著作出版権管理システム委託出版物〉	
2002	2002年3月16日　第1版発行	

車で巡る
ヨーロッパの古い教会堂

著者との申
し合せによ
り検印省略

©著作権所有

本体 3000 円

- 著　作　者　　橋　本　　　康
　　　　　　　　　　はし　もと　　　やすし

発　行　者　　株式会社　養　賢　堂
　　　　　　　代表者　及　川　　清

印　刷　者　　株式会社　真　興　社
　　　　　　　責任者　福田真太郎

発　行　所　　〒113-0033 東京都文京区本郷5丁目30番15号
　　　　　　　株式
　　　　　　　会社　養賢堂
　　　　　　　TEL 東京(03)3814-0911　振替00120
　　　　　　　FAX 東京(03)3812-2615　7-25700
　　　　　　　URL http://www.yokendo.com/
　　　　　　　ISBN4-8425-0093-X C0026

PRINTED IN JAPAN　　　　　製本所　板倉製本印刷株式会社

本書の無断複写は、著作権法上での例外を除き、禁じられています。
本書は、㈱日本著作出版権管理システム（JCLS）への委託出版物です。本書を複写される場合は、そのつど㈱日本著作出版権管理システム（電話03-3817-5670、FAX03-3815-8199）の許諾を得てください。